HISTOIRE UNIVERSELLE
DES RELIGIONS

DU MÊME AUTEUR

HISTOIRE DE FRANCE
de Cro-Magnon à Jacques Chirac,
La Table Ronde, 2004

HISTOIRE UNIVERSELLE DE LA PENSÉE
de Cro-Magnon à Steevy,
La Table Ronde, 2005

Avec Les Jalons

ÉLYSEZ-LES TOUS ! Olivier Orban, 1988

POLITIQUE, MODE D'EMPLOI, Presses de la Cité, 1994

LES DOSSIERS SECRETS DES RENSEIGNEMENTS GENERAUX,
Michel Lafon, 1995

LE MONDE D'ANNE-SOPHIE, Michel Lafon, 1997
(interdit à la vente par le TGI de Paris pour « plagiat, contrefaçon et parasitisme »)

Avec Frigide Barjot

LE MANIFESTE FOUTISTE, Jean-Claude Lattès, 2000

J'ÉLÈVE MON MARI, Jean-Claude Lattès, 2001

J'ÉDUQUE MES PARENTS, Jean-Claude Lattès, 2004

À paraître

HISTOIRE UNIVERSELLE DU NIGHTCLUBBING
de Cro-Magnon aux Guetta

BASILE DE KOCH

HISTOIRE UNIVERSELLE DES RELIGIONS

de Cro-Magnon à Raël

PRÉFACE DE JEAN-FRANÇOIS COLOSIMO

La Table Ronde
14, rue Séguier, Paris 6e

Couverture : Luc Cornillon.

ISBN 2-7103-2898-4.

TABLE DES MATIÈRES

REMERCIEMENTS

Un grand merci à Ptiqqon l'Ancien, Youri Ligotmy, Louis-Philippe Télémaque vicomte de Puypeu, Eva Danlemure et à l'incontournable Frigide Barjot pour leur contribution décisive à cette modeste Encyclopédie.

Merci aussi à mes ami(e)s du groupe *Jalons*, et plus particulièrement à Aldo Prisu, Angéla Dévisse, Peter Paon, Thomas de Lump, Maire Michel, Dolly Pran, Tony Mozzarella, Nick Tallop, Dick Around, Aboul Milbal, Elie Kopter, Manu Curé, Me Archichian, Sashi Takawar et Red Ding, grâce auxquels je suis sûr de vendre au moins 15 exemplaires, tellement qu'ils seront fiers de voir leur nom dedans.

Retrouvez-nous sur le site le plus élevé du web :
www.jalons.fr

PRÉFACE

Hier encore, dans les dîners en ville, on échangeait sur la politique et on blaguait sur la religion. Aujourd'hui, c'est le contraire. Dès l'apéro, fusent les apocryphes, chiites, et autres hassidiques. Retour ou revanche de Dieu ? Opium ou vitamines ? Le cadavre de Marx bouge-t-il encore ? Jésus était-il chrétien ? Combien avait-il de jumeaux ? La circoncision est-elle une précaution hygiénique ? Ou une castration symbolique ? Et le djihad une croisade ? Ou vice-versa ?

Une fois l'entrée servie, premier sujet inévitable, et inévitablement négatif : le monde musulman. Vrai que, depuis le 11 septembre 2001, Paris compte autant d'islamologues que de cafetiers. L'islam, entend-on crier autour de la table ? « Une religion de la *soumission* ! » (Mais *quid*, alors, des geôles surpeuplées du Proche-Orient ?) « Une religion de l'*éradication* ! » (Mais *quid*, alors, des siècles de califat placidement traversés par les Bouddhas de Bamiyan ?) « Une religion de l'*exclusion* ! » (Mais *quid*, alors, des musulmans brûlés vifs en Asie confucéenne ?)

Tandis que le bordeaux réchauffe, le débat s'échauffe. Retour au discours de Ratisbonne. Au menu, *Logos* grec, *Ratio* latine, *Soura* coranique… le tout servi façon bistrot : « Sachant que vers 11 heures, à 49° 01 N de latitude et 12° 06 E de longitude dans l'hémisphère Nord (Regensburg), Benoît XVI cite 10 lignes d'une controverse médiévale datant de 1391 auprès d'un aréopage de 345 théologiens, combien de manifestants défileront vers 20 heures, à 34° 01 N de latitude et 71° 40 E de longitude dans l'hémisphère Sud (Peshawar), à 1 000 000 près ? » Ou à la sauce kantienne : « Le pape a-t-il eu raison d'avoir raison, raison d'avoir tort, tort d'avoir raison, ou tort d'avoir tort sur la Raison ? »

Arrive le plat de résistance, et deuxième sujet de choix, mais inévitablement positif cette fois, le bouddhisme. Années soixante, années hindouistes, route des Indes et ashrams de Goa. Apologie d'un univers élitiste, des castes, du polythéisme, de l'initiation et de l'ascèse. Années quatre-vingt, années bouddhistes, route des Alpes et temples de banlieue. Éloge du village planétaire, des métissages, de l'agnosticisme, de l'humanitaire et du mieux-être. Signe que, entre-temps, la spiritualité, comme l'écologie, l'œnologie, les études céliniennes, est passée de droite à gauche.

Votre voisine, ex-mao et néo-riche, vous prévient qu'elle fait partie des « trois millions de Français fascinés par cette sagesse sans Dieu ». Magique formule… *Exit*, du coup, le bazar philosophique, le kitsch psychologique, l'esthétique de nains de jardin ! *Exit*, aussi, les exaltations théocratiques, les superstitions chamaniques, les fantaisies réincarnationnistes ! *Exit,* enfin, la suprématie *people* du Dalaï-Lama garantie par le pieux silence dont la presse entoure ses condamnations réitérées du féminisme, de la contraception et de l'homosexualité !

Entre fromage et dessert, survient, troisième sujet, mais là inévitablement consensuel, l'Égypte, les Pharaons, l'immortalité, François Mitterrand sirotant du karkadé face aux cataractes du Nil, entre autres orientalismes touristiques qui ont renouvelé la littérature de gare. Domination de l'horoscope, divinisation des animaux, momification des corps, représentation gastronomique de l'au-delà : l'air de déjà vu bat, il faut l'admettre, tous les plans *marketing*.

Café, cognac ? Vous avez quelque mal à digérer ce pot-pourri de *world-mystics* (« bondieuserie globale ») ? Votre foi déguste ? Nausées, ballonnements, flatulences métaphysiques ? Un seul remède : la potion salutaire du Président de Koch ! Et si peu amère qu'elle se passe d'*imprimatur* !

Jean-François Colosimo

À Dieu, sans qui ce livre n'aurait jamais vu le jour.

Une société d'athées inventerait aussitôt une religion.

Balzac

INTRODUCTION

APPRENONS À RECONNAÎTRE UNE RELIGION

Toutes les religions se ressemblent par la quête.
Jules Renard

Cette jeune femme rousse en larmes, l'œil brillant, en train de se noyer dans un *Blue Lagoon* à deux tabourets de moi, au bar du Mathis… Depuis un quart d'heure que je l'observe, une seule question me taraude : « *Qu'est-ce qu'un fait religieux ?* »

Comment reconnaître une religion au premier coup d'œil, sous peine de se ridiculiser en société (1) ? M'inspirant des plus récentes avancées de la recherche en matière de religionologie, j'ai fixé quatre critères déterminant ce que nous autres, spécialistes, avons coutume d'appeler entre nous *fait religieux* (2) :

- la crispation ritualiste ;
- l'exploitation des fidèles ;
- le déficit démocratique ;
- le double discours ;
- la logique d'exclusion ;
- la pulsion de mort.

Certes, on pourrait objecter que je viens d'énumérer *six* critères, et non quatre. C'est effectivement le genre d'erreur qui pourrait échapper à la lecture vigilante d'un éditeur, voire d'un correcteur. Mais pas à moi (5). Je me contente d'observer que toute religion authentique réunit forcément au moins *trois* adeptes et *quatre* de ces six critères.

(1) Ou pire, chez Ardisson.

(2) Et qui vous permettront de faire l'économie de la lecture d'un Marcel Gauchet, dont les bouquins de vulgarisation approximative semblent n'avoir été conçus que pour passer chez Ardisson (3).

(3) Cela dit, je veux bien être invité aussi (4).

(4) Ou chez Ruquier, FOG, Calvi, Reichmann, Tex, Bern, Durand, Drucker et même Fogiel.

(5) L'auteur.

Cette méthode combinatoire présente l'avantage d'associer, comme souvent dans mon œuvre, rigueur scientifique et esprit d'ouverture. C'est qu'il y a urgence ! s'il s'agit de rattraper le retard invraisemblable de la science des religions sur la physique quantique et la logique floue.

Il va de soi que je n'ai tenu aucun compte, dans cette *Histoire des religions*, de certains critères superficiels qui, au bout du compte, aboutiraient à exclure du champ religieux certains cultes éminemment respectables (6). *Dieu*, avancent certains… Mais c'est exclure le bouddhisme ! La *Foi* ? Mais *quid* alors du judaïsme ? L'*Amour* ? C'est faire bien peu de cas de l'islam…

Premier critère : la crispation ritualiste

Toute communauté religieuse assure sa cohésion par l'attachement à un ensemble de rites transmis de génération en génération – et parfois renouvelés par quelques esprits forts (7). Pour un profane, ces rites peuvent paraître insolites ou cocasses, voire grotesques. On citera, à titre d'exemple, l'obsession typiquement religieuse consistant à *enterrer les morts* (8).

Mais ne jugeons pas sans tenter de comprendre. Aux yeux des fidèles, ces rituels sont autant de *signes de l'Invisible.* C'est même pour ça qu'ils laissent indifférents les non-croyants (et les croyants non-voyants).

Deuxième critère : l'exploitation des fidèles

Toutes les religions sérieuses s'accordent sur un point : l'adhésion des fidèles resterait lettre morte si elle se cantonnait à des rites. Le seul moyen de vérifier l'authenticité de leur foi, c'est de voir quelle part de leur capital personnel les fidèles sont prêts à donner à Dieu (c/o leur Église).

Troisième critère : le déficit démocratique

De tout temps, les grandes religions à succès ont utilisé le concept de « divinité » pour instaurer au sein de leur communauté un système hiérarchique. Inévitablement, cette organisation pyramidale aboutit à un déficit de démocratie et de transparence – la palme de l'opacité revenant à l'Église catholique, comme l'ont montré les récents travaux de mon ami et maître Dan Brown.

(6) Comme d'ailleurs tous les cultes. (Note de l'avocat.)

(7) Jésus, Luther, Raël, etc.

(8) Sauf chez les zoroastriens, qui préfèrent les faire déchiqueter par des vautours (9).

(9) Mon client ne juge pas, il raconte juste. (Note de l'avocat.)

Quatrième critère : *le double discours*

Comme en politique, le double langage s'avère souvent nécessaire dans les affaires religieuses. Il y a un discours officiel destiné à la presse, aux fidèles de base et aux incroyants : le discours *exotérique.* Mais derrière ce voile de transparence pointe une autre vérité réservée aux initiés : l'*ésotérisme.*

Cinquième critère : *la logique d'exclusion*

La tendance naturelle de toute religion est l'exclusion des non-croyants. Ce *communautarisme transcendantal* va de pair avec un sentiment de supériorité qui inspire aux croyants un certain mépris de l'*Autre.*

Cette logique d'exclusion se double d'une non moins redoutable *logique d'inclusion* : le prosélytisme (10). J'entends par là la volonté de convertir l'autre à ses propres croyances ; un zèle que pour ma part je trouve tout à fait indécent, surtout quand c'est à moi qu'on fait le coup.

Sixième critère : *la pulsion de mort*

Qui prendrait au sérieux une religion sans martyrs ? Que serait le PS sans Jospin ? Qui adhérerait encore au Hamas si les fous de Dieu détournaient des bus avec des ceintures de boules puantes ?

Cette soif du martyre, certes irrationnelle, s'explique néanmoins grâce au concept opératif de *pulsion de mort*, inventé par Freud et Michel Onfray.

Heureusement, au fil des siècles, avec les progrès de l'esprit public, ces critères religieux se sont modernisés. La réévaluation de l'homme en tant qu'individu autonome, capable de prendre seul en main son destin, a remodelé radicalement son *rapport à Dieu* (comme on dit chez les agrégés de moins de 60 ans).

Dans ces conditions, il est possible aujourd'hui de procéder à une *reformulation* du fait religieux plus conforme aux aspirations de notre époque. Bien sûr les critères de la religion sont invariants, puisque établis par moi de manière scientifique. Mais leur relecture contemporaine va permettre enfin à chacun de vivre sa foi au quotidien d'une manière laïque, c'est-à-dire citoyenne.

(10) À l'intention de nos lecteurs incultes, précisons que le *prosélyte* n'est pas le convertisseur, mais le nouveau converti.

Dorénavant, l'ancienne *crispation ritualiste* se redéfinit comme *réappropriation ludique, interactive et transreligieuse* des rites.

L'*exploitation des fidèles* se réinterprète comme *liberté du croyant* et donc *faillite tendancielle des religions les plus anciennes* – par nature les moins adaptées à l'évolution du marché métaphysique.

Le *déficit démocratique* s'exprime à travers un *processus de réappropriation du religieux,* ouvrant la voie à la perspective d'un *devenir-prêtre* de tous et de chacun.

Le *double discours* se donne à voir comme *quête de transparence* dans le cadre de la nécessaire *simplification* du message à l'adresse des fidèles d'en bas.

La *logique d'exclusion* se lit désormais comme *respect de l'Autre dans la différence mutuellement assumée.*

Quant à la *pulsion de mort*, elle se redéfinit comme *rejet du sacrifice,* notamment de soi, *appétence à la vie* et *aspiration à la Religion universelle.*

Bref, cet ouvrage est porteur d'une *bonne nouvelle* : dès lors qu'elles se débarrassent de leurs oripeaux dogmatiques et métaphysiques, les religions ont tendance à devenir *crédibles.*

Au terme de cette lecture, chacun pourra en toute connaissance de cause choisir librement sa religion, comme on le fait déjà pour les lave-linge et les présidents de la République. Et même, pourquoi pas, à l'instar de L. Ron Hubbard et Raël, créer sa propre religion – s'assurant ainsi la Paix éternelle et une source appréciable de revenus.

Basile de Koch

PREMIÈRE PARTIE

Les religions premières

CHAPITRE Ier

L'âme de Cro-Magnon

Forsan et haec enim meminisse juvabit.
Virgile

Les religions préhistoriques resteront indéniablement comme le premier rendez-vous, maladroit autant qu'émouvant, de l'Homme avec la Transcendance. Elles esquissent une première réponse à l'angoisse des hommes face à un environnement naturel menaçant (la nuit, la foudre, les smilodons) (1).

En devenant religieux, Cro-Magnon fait un bond au-dessus de sa condition animale. Selon mes calculs, ce bond pourrait dater de 30023 avant Jésus-Christ (2). Par la suite, furieusement *tendance* pendant vingt-six millénaires, les religions préhistoriques finiront par se sentir dépassées avec le lancement des « Grandes civilisations », au cours de la saison automne-hiver – 4008.

Cro-Magnon invente simultanément la religion, la philosophie et les arts premiers (anciennement « primitifs »). Le premier artiste de tous les temps est Willendorf. Sa *Vénus*, réalisée en plein Gravettien (3), est aussi célèbre que celle de son disciple grec Milo.

Cette statue témoigne du culte de la Vie et de la Fertilité, c'est-à-dire d'une véritable vénération pour les déesses-mères qui tranche, il faut bien le dire, avec la misogynie judéo-chrétienne (5).

Les attributs divins de la Vénus cromagnonne sont essentiellement maternels. Willendorf n'éprouve visiblement aucune gêne à mettre en valeur les seins généreux, les hanches confortables, les fessiers rebondis et le vagin pulpeux de la déesse (6), chargée de donner la vie, de protéger les sources, les cours d'eaux,

(1) « Tigres à dents de sabre » (courants dans la Préhistoire, paraît-il).

(2) Un 6 juin, probablement en fin d'après-midi.

(3) 29000-17000 (4).

(4) Av. J.-C.

(5) Qui n'épargne que les yiddish mammas et les Vierge Marie.

(6) Dont la ressemblance avec Catherine Millet sculptée par Botero est pour le moins troublante.

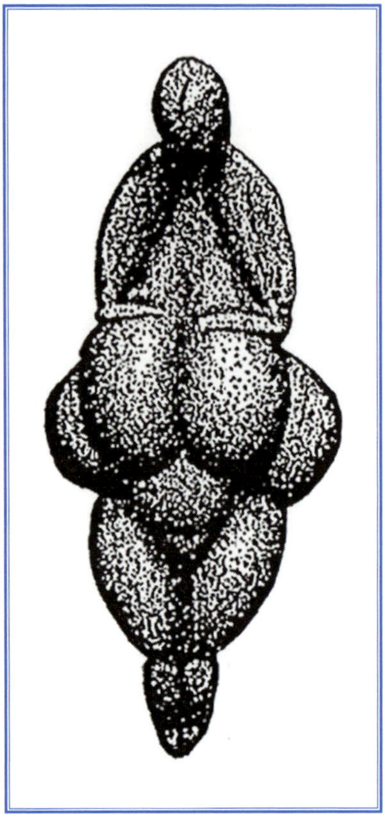

Catherine Millet vue par Botero.

les récoltes et le P.I.B. par habitant. Décidément, pour Cro-Magnon, l'Éternel ne saurait être que féminin.

La face obscure de la religion des cavernes, ce sont, comme en témoigne la mode des peintures sur grottes, les rites propitiatoires destinés à faire des chasses abondantes et à entretenir de bonnes relations avec les esprits des animaux morts.

À l'origine, les peintures pariétales (7) de Lascaux et d'Altamira n'ont pas été conçues pour attirer des Danois en short, mais plutôt des bisons et des ours, sur lesquels elles exerçaient une influence magique ; il s'agissait en quelque sorte des premiers appeaux, mais picturaux et muets.

Comme Brigitte Bardot, la religion cro-magnonne témoigne d'un *maximum respect* à l'égard des animaux. Elle se signale aussi par l'invention du « culte

(7) Du latin *paries.*

des morts », qui connaît un vrai *boom* à partir de la révolution néolithique.

Les trépassés sont désormais ensevelis religieusement, avec tous les objets qui pourront leur être utiles dans l'au-delà : vêtements, massues, bijoux, parfums, épouses.

Pour Cro-Magnon, l'Éternel ne saurait être que féminin

Entre le cinquième et le troisième millénaire avant Jésus-Christ, les badauds de l'époque et les spécialistes d'aujourd'hui assistent avec stupéfaction au fleurissement de la religion mégalithique. Soudain, de l'Irlande au Japon, de la Rhénanie à l'île de Pâques, et parfois même de la Terre de Feu à la péninsule Anatolique, on voit se dresser ces premières traces d'édifices sacrés sous forme de grosses pierres brutes (8).

À noter que le culte des morts est aussi à l'origine des premiers problèmes de logement au Néolithique, les plus belles demeures étant désormais réservées aux défunts.

Parmi les mégalithes les plus célèbres, on retiendra les dolmens (« tables de pierre »), les menhirs (« pierres longues ») et les dolmenhirs (« tables de pierres longues »).

(8) Formule qui ne constitue en aucun cas une critique, ni a fortiori une incitation à la discrimination géologique. (Note de l'avocat.)

CHAPITRE II

Le dessein animiste

La Nature est un temple où de vivants piliers
Laissent parfois sortir de confuses paroles.
L'homme y passe à travers des forêts de symboles
Qui l'observent avec des regards familiers.

Charles Baudelaire, in *Les Fleurs du Mal*

L'animisme est une croyance immémoriale qui consiste à attribuer une âme (*anima*) à l'ensemble des éléments naturels : animaux, végétaux, minéraux, tsunamis, colites néphrétiques.

L'animisme est présent aussi bien dans les religions tribales d'Afrique noire qu'en Asie et chez les Indiens de tous les continents à Indiens. Aujourd'hui encore, on le retrouve chez les Papous de Nouvelle-Guinée, les Paléosibériens du Grand Nord et les derniers lecteurs de Baudelaire.

Les dieux de l'animisme sont d'un naturel sympathique et plutôt proches des gens – voire carrément *en eux*. Autant dire que l'attitude distante, voire supérieure du Dieu de la Bible vis-à-vis des simples mortels est à mille lieues de l'empathie manifestée par ces divinités de proximité.

Les croyances animistes se sont notamment développées chez les peuples vivant au plus près de la nature et, partant, les plus dépendants de ses caprices. Cependant, comme l'a montré l'anthropologue Philippe Descola, pour les animistes la « nature » n'existe pas, ni par conséquent son opposition à la « culture ». Paradoxalement, d'ailleurs, nos sociétés développées tendent à aboutir au même résultat à partir de prémisses inverses.

Reste que la dichotomie nature/culture est caractéristique du rationalisme anthropocentrique d'un Descartes. Sous l'effet de cette idéologie, l'homme en est venu à se penser comme un individu autonome, voire rationnel, chargé de dominer la nature et l'*autre* (1). À l'inverse, le bon sens animiste nous suggère qu'en dehors du Grand Tout, nous n'existons guère.

Des primitifs qui ne manquent pas d'esprits

En vérité, nous sommes pris dans l'universel jeu magique des échanges multilatéraux (et bi) entre plantes, hommes, cailloux, femmes, oiseaux, batraciens, divinités variées et esprits des ancêtres. Certains objecteront peut-être que tout ça n'a aucun sens. Et alors ? Une religion n'*a* pas de sens : elle *est* le sens.

Une version particulièrement pittoresque de l'animisme est le *vaudou* qui, dans sa branche haïtienne, la plus vigoureuse, mélange harmonieusement rituel chrétien, animisme africain, satanisme, culte du Phallus et danses rythmées.

Le vaudou reconnaît comme dieu suprême le **Grand-Maître**, créateur des *génies*, et des divinités secondaires, mais dotées d'une forte personnalité, comme le **baron Samedi**, dieu des Cimetières, la **maîtresse Erzalie**, déesse de l'Amour, et aussi **sainte Thérèse de Lisieux**.

Selon une blague en vogue chez les anthropologues (2), il y aurait en Afrique 45 % de chrétiens, 40 % de musulmans et... 100 % d'animistes !

En réalité, il est très difficile d'établir scientifiquement le nombre de ceux-ci dans le monde. L'animistologie officielle parle de 100 millions ; mais c'est se limiter aux humains, démarche radicalement anti-animiste.

Lorsqu'il faut se déplacer soi-même pour aller chez les divinités, on parle de « chamanisme » – du terme *saman*, d'origine tougounse.

Les postes de chaman, c'est-à-dire à la fois prêtre et médecin, sont ouverts aux hommes comme aux femmes, avec néanmoins une préférence affirmée pour les transsexuels ; sans doute un des premiers exemples de discrimination positive.

(1) Comme si l'*autre* n'était pas un *je* !
(2) Mais qui fait rire aussi les ethnologues.

CHAPITRE III

La Création des origines à nos jours

Mais que foutait donc Dieu, avant la Création ?
Samuel Beckett

En matière de Création, les religions offrent un vaste éventail de possibilités, séduisantes ou terrifiantes, parmi lesquelles on peut piocher à son gré pour jeter les bases de sa propre foi ; en un mot, se faire une religion.

Les mythes traditionnels de la Création, que nous autres religionologues appelons « cosmogonies », ont pour but d'expliquer l'origine du monde et, plus récemment, des inégalités sociales et des atteintes aux Droits de l'homme.

Pour bon nombre de religions, on ne saurait créer le monde sans casser au moins un œuf cosmique. Le taoïsme nous enseigne, par exemple, qu'avant de pouvoir procéder à la Création, le dieu **Pan Gu**, pourtant sujet à la claustrophobie, dut rester enfermé pas moins de 18 000 ans *dans un œuf géant.*

Lorsque enfin celui-ci s'ouvrit, ses éléments légers s'envolèrent et créèrent le ciel, tandis que ses parties lourdes chutaient pour former la terre. Si, lors d'un dîner en ville (1), vous sentez que la conversation s'oriente progressivement vers les théogonies à œufs, n'hésitez pas à citer la fécondation de l'œuf cosmique par **Amon** en Haute-Égypte, ou encore **Puruska** en Inde, **Nommo** au Mali – sans oublier bien sûr les traditionnels œufs de Pâques (2).

À fuir absolument, dans ce genre de circonstances sociales, tous les sujets qui fâchent, comme la délicate question de l'antériorité entre l'œuf cosmique et sa poule.

Pour les Grecs antiques, à en croire certaines indiscrétions rapportées par Hésiode dans sa *Théogonie*, au com-

(1) Ou mieux, chez Ardisson.

(2) Fête de la résurrection du Christ chez les chrétiens et certains protestants.

mencement était le **Chaos**, c'est-à-dire un invraisemblable foutoir sans forme ni limite (3). Au bout du compte, quatre entités finiront par émerger de ce magma : **Gaïa**, la Terre, **Érèbe**, les Enfers, **Nyx**, la nuit, et **Éros**, le désir amoureux – qui peut prendre des formes étonnamment modernes pour l'époque. Ainsi Gaïa (la Terre) engendre-t-elle **Ouranos** (le Ciel), son propre fécondateur. C'est limite contre nature, me direz-vous ; mais à ce compte-là, on voit aussi de ces choses de nos jours !

Dans la cosmogonie commune aux juifs et aux chrétiens, Dieu est le Créateur incréé, situé hors du temps et n'ayant donc ni début ni fin. Au premier jour, Dieu crée la lumière, non sans oublier (4) de la séparer des ténèbres. Au deuxième jour, Il sépare le ciel et la mer. Au troisième jour, Il

Avant le péché originel, l'Éden était un vrai petit paradis.

(3) Un peu comme chez moi, pour ceux qui connaissent.

(4) Figure de style aujourd'hui courante, mais encore appelée « contre-sens » par ma vieille grammaire.

crée la terre et la vie végétale. Le quatrième jour, c'est au tour du soleil et de la lune puis, le cinquième jour, des oiseaux et des poissons, et le sixième jour, des animaux à poil.

Au septième jour enfin, Dieu se repose, tel un père contemplant sa progéniture, le regard légèrement embué ; un père qui aimera inconditionnellement sa créature, même quand elle sera en âge de faire des bêtises dans le jardin.

On a beaucoup glosé, depuis dix mille ans, sur la genèse de la Genèse

L'islam partage avec ses deux frères aînés ce récit de la Création. Le **Coran** en personne écrit : « *La création des cieux et de la terre, dans l'alternance de la nuit et du jour, dans le navire qui vogue en mer chargé de choses profitables aux gens, dans l'eau qu'***Allah** *fait descendre du ciel, par laquelle Il rend la vie à la terre une fois morte et y répand des bêtes de toute espèce, dans la variation des vents, et dans les nuages soumis entre le ciel et la terre, en tout cela il y a des signes, pour un peuple qui raisonne* » (5). On ne saurait mieux dire.

Pour les **aborigènes d'Australie**, le monde a été créé dans le « Temps du Rêve » (6) – ce qui explique qu'on ne s'en souvienne pas.

Dans la cosmogonie **scandinave** enfin, **Ymir**, « *Père de tous les Géants* », se trouvait dans l'incapacité de créer quoi que ce soit, prisonnier qu'il était d'une gangue de glace (7). Il en fut heureusement délivré à coups de langue chaude par la vache **Au-umla** – sans qui, par conséquent, nous ne serions pas là pour en parler.

(5) Sourate II, verset 164.

(6) Le fameux *Tjukurpa,* bien connu des tjukurpologues.

(7) Comme Pan Gu dans son œuf géant !

DEUXIÈME PARTIE

Les religions anciennes

CHAPITRE IV

Dieux mésopotamiens

Le secret de Babylon mountain

Enkidu mon ami que tant je chérissais,
le sort commun à tous les hommes l'a terrassé ;
six jours et sept nuits je l'ai pleuré,
jusqu'à ce que les vers lui soient tombés du nez.
Épopée de Gilgamesh

Sous l'appellation de « religions mésopotamiennes », on regroupe ordinairement quatre grandes familles de cultes truculents et sanguinaires : ceux des Sumériens, des Assyriens, des Babyloniens et des Akkadiens (trop effrayant pour être abordé dans ces pages à une heure de grande lecture).

Ces religions, volontiers échangistes en matière de divinités, fleurissent à partir du quatrième millénaire avant Jésus-Christ dans la région fertile qui s'étend entre le Tigre et l'Euphrate, appelée *Kiemgira* par les Sumériens et plus connue sous le nom de Mésopotamie (1) par le grand public non sumérophone.

Les Sumériens sont organisés en cités-États, dont les plus renommées sont **Kish**, **Mari**, **Uruk** et **Ur** (ville natale d'Abraham, s'il a existé). À la tête de ces cités, un prince (*ensi*) ou roi (*lugal*), tout-puissant et hypra-respecté, cumule sans le moindre contre-pouvoir les mandats (*mandâ*) de roi-prêtre, commandant, juge et partie.

Les sumérologues marxistes l'ont démontré : l'objet principal de cette organisation politique était en fait d'obtenir la mainmise sur le système de l'irrigation, alors fondement de la civilisation, et donc instrument privilégié de domination des classes dominantes privilégiées.

La religion d'État, inséparable du

(1) *Entre les fleuves*, en grec ; il pourrait s'agir, ici, de l'Euphrate et du Tigre.

pouvoir, célèbre le culte de divinités dont l'originalité est de *sponsoriser* chacune une ville. Le chef des dieux est incontestablement **An**, à la fois dieu du Ciel et sponsor de la ville d'Uruk. Selon certains calculs, il aurait fallu pas moins de dix-sept hôtels Ibis pour loger toutes les divinités sumériennes.

Le plus-produit sumérien, c'est l'invention de l'écriture, en 3000 et quelques av. J.-C. Le plus ancien texte de l'Histoire de l'Humanité est donc une hymne à la gloire du dieu du Soleil, **Utu-Babbar**. C'est le genre de détail qui vous permettra d'épater à peu de frais vos amis (2).

Les peuples du Croissant fertile ont tout inventé : la religion d'État, l'alphabet, le génocide

Il faudra néanmoins attendre encore 1 200 ans avant que les Sumériens se décident enfin à nous livrer l'impressionnante *Épopée de Gilgamesh*. 3 600 vers, dont 3 450 ont été conservés (3), nous narrent les aventures de l'antique roi d'Uruk et de son ami Enkidu, partis à la recherche de l'immortalité (4) – dont ils ignorent qu'elle est l'apanage des dieux !

Gilgamesh réussit bien à percer le secret en cueillant au fond de la mer la *Plante-de-vie*, mais au dernier moment le *Serpent* fait main basse sur elle. La mort d'Enkidu, « *son ami qu'il chérissait* », plonge dans le désespoir Gilgamesh, qui du coup renonce à la vie éternelle. Reste que son *Épopée*, considérée comme un chef-d'œuvre littéraire par la critique de l'époque, en dit beaucoup sur les orientations religieuses, et autres, de la civilisation babylonienne.

En 1800 av. J.-C., le royaume sumérien s'effondre comme une Twin Tower, laissant place au grand Empire assyrien – qui commençait à s'impatienter. À sa tête, Shamashi-Adad II se proclame sans état d'âme « Roi de l'Univers ».

Sous la houlette d'**Assur**, dieu de la Guerre et maître des destins, les Assyriens organisent méthodiquement pillages, massacres, déportations massives et génocides, prenant ainsi une solide avance sur le reste de l'Humanité.

Ce n'est qu'en 614 que ces Assyriens assoiffés de sang seront enfin exterminés à leur tour par les Babyloniens – plutôt portés, de leur côté, sur l'ultra-violence gratuite (5) façon *Orange mécanique*.

(2) Et même Ardisson.

(3) Les 150 autres étant vraisemblablement trop mauvais.

(4) Plus agréable à vivre à deux.

(5) Qui est aussi, faut-il le rappeler, une forme de *refus de l'Autre*.

À l'époque, on reprochait aux Babyloniens de construire des tours, pas de les détruire.

Le grand mérite des Babyloniens, par ailleurs destructeurs du Temple de Jérusalem en 587, est la simplification des organigrammes divins hérités des civilisations antérieures. Ce n'est pas encore le monothéisme, mais on y voit déjà plus clair ; les Babyloniens se contentent de vénérer trois divinités suprêmes : **Anu** (dieu du Ciel), **Enlil** (dieu du Vent et de la Terre) et **Ea** (logiquement, dieu de tout le reste).

CHAPITRE V

Dieux égyptiens

Y a-t-il une vie après la mort sur le Nil ?

Ceux qui dirigent ne peuvent marcher à l'envers (1).

Ptahhotep

C'est précisément entre 3100 et 332 avant J.-C. (2) que se déploie le culte pharaonique. Les Égyptiens peuvent se targuer d'avoir inventé une des religions les plus absconses du monde. Un exemple au hasard : le dieu **Horus** naît de l'union entre **Osiris** (mort) et **Isis** (changée en épervier). On entend d'ici ricaner les sceptiques…

À l'instar d'un Arturo Brachetti, les dieux égyptiens passent leur temps à changer d'aspect selon le lieu et le moment, voire à intervertir leurs apparences, juste pour le *fun*.

Le **Neter** (puissance divine animant toutes choses) circule librement entre les **neterou** (dieux), dont les noms et fonctions varient autant que leurs *looks*.

Face à cette confusion générale, Pharaon (3) décide de mettre un peu d'ordre en organisant la concurrence entre trois écoles théologiques, basées respectivement à Hermopolis, Héliopolis et Memphis (4).

Faute de place, on n'abordera ici que le Panthéon hermo-héliopolitain, quand même plus cohérent (5).

Dans la théologie hermopolitaine, huit dieux (l'**Ogdoade**) sont co-responsables de la création du monde.

(1) En revanche, de profil, apparemment ça les gêne pas !

(2) Date du putsch d'Alexandre le Grand (condamné depuis par la résolution 421 de l'ONU).

(3) Pour les Égyptiens, tous les pharaons s'appellent « Pharaon » et pour cause : ils sont les incarnations successives de l'unique pharaon, que l'on a coutume d'appeler Pharaon.

(4) Égypte (et non Tennessee, comme l'a écrit par erreur le Pr Shukberi).

(5) Sans pour autant vouloir aucunement dévaloriser le travail des théologiens de Memphis, fort intéressant paraît-il. (Note de l'avocat.)

Leur chef, **Amon**, incarne à l'origine le « souffle créateur » ; puis, sous l'influence de l'école héliopolitaine, il décide de devenir aussi **Rê**, le dieu du Soleil, sous le pseudo transparent d'**Amon-Rê.**

Ses collègues sont au nombre de sept, comme les samouraïs, les mercenaires et les nains de Blanche-Neige.

Horus : il est « le lointain », figure divine de Pharaon. Doté d'un corps d'homme et d'une tête de faucon, il incarne la loi et l'ordre. À ce titre, il est capable de tout surveiller et d'intervenir à tout moment sur zone – un peu comme Nicolas Sarkozy chez nous.

Atoum : démiurge des origines et père de Chou et Tefnout, il est, selon certaines sources, *« le un qui devient trois »* et, pour d'autres, *« un peu tout et rien »*. Au lecteur de se faire sa propre opinion ; je ne vais pas non plus vous mâcher le boulot à chaque fois – surtout pour 20 euros à peine (6) !

Chou figure l'élément actif de la Création. D'ailleurs, il a poussé l'activisme tous azimuts jusqu'à épouser sa sœur **Tefnout**, et à faire avec elle deux nains divinement consanguins : Geb et Nout.

Geb, c'est la Terre. Sur son dos poussent les plantes et tombe la pluie ; il est parfois sujet aux tremblements.

Nout incarne le Ciel. Déesse d'habitudes, elle accouche invariablement du Soleil chaque matin, avant de le réingérer chaque soir à heure fixe.

Du paysan de base à Isis et Orisis, une structure pyramidale.

Suivant l'exemple de leurs parents, Nout épouse son frère Geb (8) et donne naissance à deux paires de nains : Seth et Néphtys d'un côté, Osiris et Isis de l'autre ; ils formeront à leur tour deux couples cognats (9) aux rapports plutôt complexes, même d'après mon psy.

Seth : aisément reconnaissable à sa trompe et à ses grandes oreilles, c'est un dieu à pulsions destructrices, mais heureusement manipulable ; une manière de Ben Laden égyptien.

Seth est en perpétuel conflit avec

(6) Et encore, je ne perçois (hors impôts) que 10 % des recettes de vente du livre (7).

(7) En fait, ça peut monter jusqu'à 14 %, si vous convainquez 20 000 amis d'acheter le bouquin.

(8) Sans qu'on sache très bien si cet *inceste mimétique*, comme dirait mon ami René Girard, relève de l'inné ou de l'acquis, comme dirait l'autre.

(9) Cognat : parent naturel (du latin *natus* [né] et *co* [ensemble]). Bac + 12, messieurs-dames !

Horus. Mais compte tenu de la hiérarchie, ce dernier finit toujours par l'emporter (10). À chaque fois, il en profite pour renforcer le dispositif de sécurisation des immigrés choisis qu'il occupe à construire ses pyramides.

Osiris, c'est le dieu sympa mais fragile, « celui dont le cœur défaille ». En l'occurrence vous me direz, on peut le comprendre : il a été assassiné dans sa jeunesse par son frère Seth, tel un vulgaire Abel. Fort heureusement, il va résurrecter (12) et développer un salutaire syndrome de *résilience*®.

En inventant le monothéisme, Akhénaton va se heurter à l'opposition de quelque 900 divinités égyptiennes

Tout va donc pour le mieux dans le meilleur des panthéons... Jusqu'au jour où, en – 1334, Amenhotep IV décide brusquement de licencier tous les dieux pour instaurer un monothéisme entièrement voué au dieu **Aton**, jusque-là parfaitement inconnu du grand public.

Présenté comme l'incarnation du *disque solaire*, Aton devient surtout le Dieu unique et créateur. À tel point que, pour lui rendre hommage, le pharaon lui-même décide de prendre le nom d'**Akhénaton** (« celui qui est utile à Aton »). Mais ce premier monothéisme sera aussi le plus bref : dès la mort d'Akhénaton (– 1336), son successeur **Toutânkhamon** décide, comme son nom l'indique, de rétablir le culte d'Amon et de ses collègues susnommés : c'est le retour du polythéisme ! Mais pendant ce temps-là, en Palestine...

Reste que l'un des miracles à mettre au crédit des dieux égyptiens, c'est l'égyptomanie contemporaine, qui a sauvé de la faillite plus d'un éditeur. Tous les producteurs de télévision s'accordent aujourd'hui à reconnaître dans la civilisation pharaonique le sujet de documentaire le plus vendeur au monde, devant le clonage, les requins et le clonage des requins.

(10) Un peu comme chez nous Nicolas Sarkozy (11).

(11) Au moins jusqu'à la présidentielle.

(12) Et tout de suite ! Pas au bout de trois jours, comme certains dieux moins réactifs (13).

(13) On ne saurait de bonne foi chercher ici je ne sais quelle forme de dénigrement sournois de telle ou telle autre divinité. Il s'agit bien plutôt d'un trait d'esprit typiquement français en forme de clin d'œil au lecteur cultivé (14). (Note de l'avocat.)

(14) Que je salue au passage. (Note de l'auteur.)

CHAPITRE VI

Dieu hébraïque

Les juifs, peuple élu dès le premier tour

Juif, c'est pas une religion ! Aucune religion n'a jamais fait pousser un nez comme ça !
Serge Gainsbourg

Selon les plus récentes recherches théologiques, le judaïsme serait la plus ancienne des religions du Livre (1). Quel Livre ? La *Mikra* bien sûr (*Écriture*, en goy), ou pour faire simple le *TaNaKh*. On l'aura compris, ledit TNK est l'acronyme (2) des trois parties qui le composent : la *Torah* (*Pentateuque*), les *Nevihim* (*Prophètes*) et les *Ketouvim* (*Écrits*) (3).

Lorsqu'un juif est pieux, la tradition rabbinique dit qu'il « *va vers la réponse* » ; lorsqu'un juif se détourne de sa religion, la même tradition explique qu'il « *va vers la question* ». Dans ces conditions, il paraît juste d'affirmer que le judaïsme compte aujourd'hui dans le monde 14 millions de fidèles, à peu près tous incroyants.

L'intuition mystique du judaïsme, c'est qu'il n'est pas décisif de croire ou non en Dieu, puisque aussi bien Sa foi en Son peuple suffit à prouver Son existence.

Le judaïsme est la religion de l'Alliance de **Yahvé** avec le peuple juif. Fini le désordre cosmopolite du Panthéon gréco-romain : à Dieu unique, peuple unique !

Bien entendu, au fil de l'Histoire, l'Alliance sera constamment trahie par toutes sortes d'impies. À tel point qu'au bout de 1 249 pages (4), Dieu semble avoir élu le peuple juif précisément en

(1) Par opposition aux religions orales, dessinées, mimées, chantées, dansées, etc.

(2) Acronyme : sigle prononcé comme un mot ordinaire (*ex* : ovni, sida, UMP).

(3) Le fait que les *Écrits* (Ketouvim) fassent partie de l'*Écriture* (Mikra) n'étonnera que les antisémites non-aristotéliciens.

(4) Cf. *La Bible (Torah, Nevihim, Ketouvim)*, trad. Samuel Cahen, Les Belles Lettres, 1994.

Contrairement à la légende, les Sages de Sion (*ci-dessus*)
n'étaient guère portés sur le protocole.

raison de son indocilité – comme s'Il voulait tester Sa patience.

Par bonheur, malgré tous les péchés d'Israël, l'Alliance divine est incessamment renouvelée à travers les Prophètes (5). À cet égard la réputation de sévérité, voire de violence du Dieu juif est largement usurpée. Qu'on songe à la longanimité qu'Il manifesta lors des négociations avec la ville impie de Sodome – qui exagérait quand même, il faut bien le dire.

Souvenons-nous : Yahvé eût épargné la ville de bon cœur s'il y fût seulement resté dix « justes » (6). Hélas ! Impossible de les trouver… C'est dire si les Sodomites se comportaient mal à l'époque !

On n'étudiera ici que les trois principaux champions de l'Alliance. Le premier d'entre eux, **Noé**, est né vers 2970 av. J.-C., soit 125 ans après l'expulsion du couple Ève-Adam de l'Éden pour faute grave (10).

Dieu, constatant que tout va à vau-l'eau et que les hommes se comportent encore plus mal sur Terre que dans l'Éden, Se résout à passer la planète au Kärcher.

Il avertit de Son plan sacré le seul juste, Noé, et lui refile tous les petits trucs pratiques indispensables pour survivre à un Déluge : construire une arche et y recueillir son humble famille, ainsi que des couples hétéros de toutes les espèces animales.

De fait, après quarante jours et quarante nuits de tsunami divin, il ne reste plus sur terre qu'un seul *boat people*. Un arc-en-ciel apparaît alors, signe de l'Alliance totalement inamissible (11) de Dieu avec Noé et sa descendance, c'est-à-dire vous et moi (12).

Mais la pensée de Yahvé sur Sa Création ne cesse de s'affiner. Près d'un millénaire plus tard, vers 2000 av. J.-C., vient le temps d'**Abram**, lointain descendant de Sem, l'un des trois fils de Noé. Il va réinventer le monothéisme, un peu passé de mode depuis Adam.

Pour le petit Abram, il ne fait aucun doute que **YHWH** (**Yahweh**) est Un, Transcendant, Immanent, Omnipotent, Omniscient et Hypracool.

(5) Y compris les « *prophètes de malheur* » au sens vétéro-testamentaire du terme. On notera à ce propos que les jérémiades d'un Isaïe ou d'un Ézéchiel s'achèvent toujours sur un message d'espoir – pour peu que le peuple élu se souvienne de son Grand Électeur.

(6) Au sens de la *Torah*, pas de Marek Halter (7).

(7) Qui, en plus, a les cheveux teints (8).

(8) Et la barbe aussi (9) !

(9) Contrairement à Yahvé, qui Lui au moins assume le fait d'être sans âge.

(10) La faute la plus grave qui soit : le *manque de confiance* en Dieu. Autant dire que la rupture de l'Alliance fut le fait d'Adam et Ève, non de Dieu !

(11) Du latin *inamissibilis*, « qui ne peut se perdre ».

(12) Et non pas seulement le peuple juif (que Yahvé, à l'époque, n'avait pas encore inventé).

Impressionné par tant de lucidité, Dieu demande à Abram de jeter son bâton de berger et de se mettre aussi (son) sec (13) en route pour le pays de Canaan (14). En échange, Il lui promet de donner cette terre à son peuple – qui est aussi le Sien.

Après 99 ans de bons et loyaux services, YHWH renouvelle auprès de lui l'Alliance : « *On ne t'appellera plus BRM* (15), *mais ton nom sera* **Abraham**, *car Je te fais* "père d'une foule de nations" (16). »

C'est alors seulement qu'Abraham a droit à la circoncision. L'âge légal de cette intervention, d'ailleurs bénigne, sera par la suite ramené de 99 ans au huitième jour, signe de l'instauration d'un certain climat de confiance entre Dieu et Son peuple.

Abraham sera encore mis à l'épreuve par YHWH lorsque Celui-ci exigera qu'il Lui sacrifie à brûle-pourpoint son fils **Isaac**. Fort heureusement, ce n'était qu'une blague ! Au dernier moment, Dieu retient le bras d'Abraham ; il voulait juste tester sa foi jusqu'au bout, c'est-à-dire au-delà du raisonnable.

Au XIIIe siècle avant notre ère vient le temps de **Moïse**, né en Égypte comme Aménophis IV, Claude François et plein d'autres personnalités de premier plan (18). Après des débuts difficiles en tant que nourrisson abandonné, recueilli sur les eaux du Nil par la fille de Pharaon, Moïse connaît une jeunesse dorée aux frais de ladite princesse.

Hélas, le voilà brutalement contraint de renoncer à son train de

(13) *Vermot*, XXII, 13.

(14) À visiter notamment sur place : Beïsan, Gebal* (a), Gezer (b), Hatsor (c), Jéricho**, Jérusalem****, Lakish (d), Meggido* (e), Ougarit** (f), Sichem (g), Sidon (h) et Tyr (i).

(a) Byblos en grec.

(b) Attention ! Guides phéniciens parfois indélicats : négocier le prix de la visite *avant* ; n'emporter avec soi que le minimum vital ; ne surtout pas compter sur la police (corrompue jusqu'à l'os).

(c) Aucun intérêt.

(d) Surtout pour le marché du jeudi.

(e) Très jolie place forte*** dominant le bassin d'Esdrelon (mais malheureusement rasée au IVe siècle av. J.-C.).

(f) Capitale intellectuelle du pays de Canaan.

(g) Voir notamment le chêne de Morèh*.

(h) Splendide vue des deux ports**.

(i) Commerce de la pourpre et du verre.

(15) Rappelons que Dieu a frappé les juifs de la même malédiction que les Arabes et les Serbo-Croates : l'absence de voyelles dans l'alphabet.

(16) C'est précisément ce que signifie « Abraham » en hébreu, d'où le gag (17).

(17) Ressort comique typiquement judéo-chrétien, réutilisé notamment par Jésus, qui changera le prénom de Simon en Pierre juste pour caser son gag : « ... *et sur cette pierre, je construirai mon Église* ».

(18) À titre d'exemple, ce n'est pas un hasard si le jeune Jésus, poursuivi par Hérode, choisira de se réfugier en Égypte, et pas en Suisse ou en Amérique latine...

vie, suite au meurtre d'un contremaître égyptien qu'il avait vu battre un Hébreu. Soupçonné de communautarisme, il est chassé du pays comme un vulgaire sans-papiers ghanéen (19).

Pas découragé pour autant, Moïse entame alors une nouvelle traversée du désert, ce qui après tout n'est pas anormal pour un nomade, avant de se sédentariser en tant que berger. Comme Abraham, direz-vous ! Mais dans ces millénaires-là, le job de berger était aussi banal que télévendeur aujourd'hui.

Depuis que Moïse a affirmé avoir reçu de Dieu les Dix Commandements, le monde est divisé en deux : les pro et les anti – ces mythes

Lorsqu'il atteint l'âge de 80 ans, YHWH – patron décidément antisocial en matière de retraites – lui demande de bien vouloir mener les Hébreux jusqu'à ce fameux pays de Canaan – plus connu aujourd'hui sous le nom de « Terre promise », ou encore « Territoires occupés ».

Après une traversée de la mer Rouge sans histoires, Moïse marche jusqu'au mont Sinaï. À cet instant très précis, Dieu le charge du dossier le plus délicat de tous les temps : les *Dix Commandements*. Moïse mourra fatigué et malade à l'âge de 120 ans, sans même avoir foulé le sol de la Terre promise, comme dans un film américain indépendant. Sauf que là, ça a un sens : Yahvé a beau être *lent à la colère*, Moïse a quand même trop déconné pour être digne de conduire son Peuple à sa Terre.

C'est donc son successeur **Josuah**, trop jeune pour avoir commis autant de péchés, qui présentera ladite Terre audit Peuple. Mais le cœur de Moïse ne tremblera pas pour autant ; après tout, YHWH ne lui a-t-il pas révélé ce qu'il y a de plus grand : son nom imprononçable ?

« Ehye asher Ehye », « *Je suis Celui qui est* », signifie tout simplement que l'Être suprême nous dépasse infiniment par la plénitude même de son être. Heureusement, Dieu est aussi infiniment *classe* (20) ; aussi demeurera-t-il toujours fidèle à Son peuple, même si la réciproque n'est pas toujour vraie.

(19) Amusant anachronisme repiqué dans mon *Histoire universelle de la Pensée de Cro-Magnon à Steevy* (La Table Ronde, 2005).

(20) Selon l'heureuse expression de Valérie Lemercier.

CHAPITRE VII

Dieux gréco-romains

Un Panthéon décousu

Tout est plein de dieux.
Thalès de Milet

La « religion » (1) grecque doit beaucoup à la *Théogonie* (2), le best-seller (3) d'Hésiode (4). Mais surtout, elle est inséparable d'un nouveau système politique qui apparaît en Grèce vers le VIIIe siècle av. J.-C. : l'organisation de la société autour de la *polis,* seule façon efficace et humaine de résoudre les problèmes des cités.

Pour les Grecs, la religion n'a pas de « domaine réservé » ; point non plus de dogmes, d'Église ni de prêtres. C'est une pratique sociale qui baigne toute la vie quotidienne, des libations du matin à celles du soir.

La piété grecque, *eusébeia*, ne se confond nullement avec la foi chrétienne ou la dévotion envers une divinité quelconque ; elle consiste simplement à respecter nos obligations envers les dieux et la *polis*.

Les dieux grecs ont été créés à l'image de l'homme. Par voie de conséquence, loin de faire preuve de sagesse, ils sont mus par des passions totalement irrationnelles ; leur sexualité les porte même parfois vers la zoophilie, voire l'humanophilie.

En grec ancien, pour être poli, il convient de faire suivre le nom du dieu que l'on invoque de l'une de ses *épiclèses* (surnom indiquant une de ses qualités ou fonctions : on parle ainsi d'Athéna *Parthénos* (5), comme on dirait aujourd'hui Bob *l'Éponge*) (6).

Les dieux grecs sont généralement

(1) Le mot n'existe pas dans la langue d'Ésope.

(2) Théogonie : science humaine de l'origine des dieux.

(3) Plus de 200 exemplaires recopiés entre le XVIIe et le XVe siècle av. Gutenberg !

(4) Poète béotien et pasteur sur les pentes de l'Hélikon (a).

(a) Hélikon (***) : superbe massif montagneux (1 748 mètres), à 20 minutes à peine de Thèbes ; en saison, dîner à la délicieuse *taverna* Papapoulos (10 % de remise sur présentation de ce Guide).

(5) Vierge.

(6) Alcoolique.

Poséidon, dieu de la Mer (ici, essayant de calmer deux merlans en colère).

multi-fonctionnels, efficaces aussi bien pour la protection de votre famille ou de votre cité que pour vos problèmes personnels (amour, argent, santé, chance aux courses de chars).

Entre dieux grecs les conflits sont permanents, un peu comme chez nos écologistes. Le seul qui parvienne à mettre de l'ordre dans cette mêlée olympienne, c'est **Zeus** (7). C'est même pour ça qu'il est chef.

Après avoir brillamment résolu son Œdipe en déplaçant son complexe de castration sur son père (8), Zeus prend la tête des Olympiens. À ce titre, il cumule les épiclèses : il est à la fois *Kéraunos* (du tonnerre), *Ktésios* (protecteur de la propriété), *Horkios* (garant des serments) et *Xenios* (protecteur des étrangers en situation irrégulière).

Les Olympiens sont au nombre de douze : Zeus, Héra, Hestia, Déméter, Poséidon, Arès, Athéna, Héphaïstos, Aphrodite, Artémis, Apollon et Hermès ; certaines cités branchées y ajoutent un treizième, Dionysos.

Héra, à la fois sœur et épouse de Zeus (9), s'occupe des mariages et des accouchements ; elle protège les épouses de toutes les formes de violence conjugale (10).

Hestia, sœur aînée de Zeus, a décroché par piston le poste de déesse du Foyer ; à ce titre elle bénéficie d'un culte dans toutes les maisons convenables et d'un logement de fonction.

Déméter, autre sœur de Zeus, déesse de la Fertilité, favorise le rendement de vos champs et de vos épouses.

Poséidon, frère de Zeus, est le dieu de la Mer ; à ce titre, il commande aux flots et gère les plaques tectoniques.

Arès est spécialisé dans la guerre et la colère ; le genre qui rit quand il se brûle, si vous voyez ce que je veux dire.

Athéna, sortie de la cuisse de Zeus, est la déesse de l'Intelligence et de la Ruse. Dotée d'un profil politique controversé, elle se fait la protectrice des petits artisans et boutiquiers poujadistes tout en assumant l'épiclèse ambiguë de *Promachos* (11).

Héphaïstos, fils d'Héra, règne sur le Comité des Forges et l'industrie métallurgique en général.

Aphrodite, née d'une éjaculation intempestive d'Ouranos dans sa mer préférée, est déesse de l'Amour et de la Beauté (12).

Artémis, fille de Zeus et de Léto, règne sur le monde sauvage, ce qui lui donne compétence aussi bien en matière de chasse que d'intégration des jeunes sauvageons.

(7) Fils de Kronos et de Rhéa, petit-fils du Ciel (Ouranos) et de la Terre (Gaïa).

(8) C'est-à-dire en lui coupant les boulettes.

(9) Et alors, ça te choque ?

(10) Y compris les plus légitimes.

(11) « *Protectrice des armes* », selon les hellénistes ; des beaufs misogynes, d'après Isabelle Alonzo.

(12) Mais, curieusement, pas de la Gloire.

Hermès, fils de Zeus et de Maia, partage avec Apollon la délicate fonction de porte-parole du Panthéon. Il est également en charge des problèmes douaniers, ainsi que des orateurs, des marchands et des voleurs, sans oublier les voyageurs et les petits lapins noirs.

Apollon, fils de Zeus et de Léto comme sa sœur, est à la fois dieu de la Divination, de l'Art lyrique, du Tir à l'arc, de la Santé, des Affaires étrangères et des Télécoms. Un portefeuille sensible donc, où il ne se fera pas que des amis.

Dionysos enfin, fils de Zeus et de Sémélé, est le dieu du Vin, de l'Extase, des Paradis artificiels, du Désir et de la Transgression. Avec tout ça, rien d'étonnant à ce qu'il soit surtout vénéré chez les CSP + urbains hédonistes (au sens onfrayrien du terme).

Les Romains, grands importateurs de dieux devant l'Éternel, rachètent pour une bouchée de pain les divinités les plus performantes de l'Olympe, non sans les rebaptiser dans un souci d'assimilation. Autant dire que le Panthéon romain est un modèle d'immigration choisie.

En 753 av. J.-C., un obscur fils d'Arès (rebaptisé Mars), Romulus, fonde Rome (13). Tout au long de son histoire, l'Empire romain va manifester un savant mélange de conservatisme foncier et d'innovation verbale qui fait encore, à l'heure où nous mettons sous presse, le succès d'un Nicolas Sarkozy.

Vénus, Jupiter, Mars : les dieux romains prenaient souvent comme pseudos des noms de planètes

Reste que leur ouverture d'esprit théologique va permettre aux Romains d'absorber toutes les croyances aberrantes des peuples conquis, en y ajoutant cette *roman touch* qui fait la différence.

L'apport romain au Panthéon grec se caractérise par un pragmatisme viril qui vient tempérer la frivolité des dieux grecs, souvent oisifs, voire efféminés.

Dans le *remake* romain de la religion grecque, chaque dieu a sa copie presque conforme. Zeus est joué par **Jupiter** (moins ambigu) ; Héra par **Junon** (plus virile) ; Déméter par **Cérès** (moins bonasse) ; Poséidon par **Neptune** (moins *glamour*) ; Arès par **Mars** (plus martial), et Athéna par **Minerve** (plus raide).

Grâce au même processus d'intégration, Héphaïstos devient **Vulcain**, Aphrodite **Vénus**, Artémis **Diane**, Dionysos **Bacchus** et **Hermès** beaucoup trop cher.

Le seul échec de la normalisation romaine reste **Apollon**, le plus grec de tous les dieux grecs ; il parviendra même

(13) Une chance qu'il ne se soit pas appelé Crotulus !

à entrer dans le Panthéon latin sans changer son nom (14).

Par orgueil sans doute, les Romains vont tenter d'ajouter à cette liste quelques dieux de leur propre cru, tels **Janus**, **Quirinus**, **Tellus** ou **Liber** ; ils les abandonneront très vite au vu de l'audimat.

À partir du IIIe siècle ap. J.-C., l'Empire romain entame son long déclin, non sans une certaine jouissance morbide. Outre la crise économique et les invasions barbares, la principale explication de ce déclin est la mise sur le marché d'une foultitude de divinités proche et extrême-orientales à prix cassés.

À force d'accueillir les temples d'Isis l'Égyptienne, de Baal le Syrien et de Mithra le Perse, on finit par tout mettre sur un pied d'égalité – et par sympathiser même avec les chrétiens !

Résultat des courses : l'Empereur lui-même finit par se convertir (15), et tout part en quenouille. Bref, quand les Barbares finissent par débarquer, personne ne s'en aperçoit tellement c'est le bordel : Rome n'est plus dans Rome !

(14) Pourtant typé.

(15) *Quiz :* parmi cette liste d'empereurs romains, devinez lequel s'est converti au christianisme : a) Constantin ; b) Julien ; c) Lucien ; d) Caligula ; e) Néron ; f) Clovis.

Réponse : a. (Ceux qui ont répondu b, c, d, e ou f sont priés d'interrompre immédiatement cette lecture et de se remettre au sudoku.)

CHAPITRE VIII

Hindouisme
Le cyclisme comme mystique

Puisque tu es l'insecte, ne l'écrase pas.
Veda

Avec à peine 700 millions de fidèles, dont 650 en Inde, l'hindouisme (ou brahmanisme) occupe la troisième marche sur le podium des religions planétaires (1). Il est né au cours du premier millénaire avant notre ère d'un fécond dialogue interreligieux entre l'ancienne civilisation du fleuve Indus (2) et ses envahisseurs les Arias.

L'hindouisme est d'abord une manière de *vivre autrement au quotidien*, un peu comme l'écologie chez nous. Mais la dimension religieuse n'en est pas moins présente ; les derniers recensements parlent même de 33 millions de divinités. On se bornera ici à évoquer les trois millions les plus célèbres.

La croyance fondamentale de l'hindouisme est simple : *tout est cyclique.* Préfigurant les théories de la relativité et du développement durable, les hindous ont élaboré une notion du temps assez pointue pour l'époque. En gros, à chaque *yuga*, l'univers entier apparaît, évolue puis disparaît ; si les gens ont parfois du mal à s'en rendre compte, c'est qu'un *yuga* moyen dure entre 432 000 et 1 728 000 ans.

Un *yuga* correspond à une respiration de **Brahma** (inspiration et expiration incluses). Autant dire rien si on compare à un *kalpa*, qui lui s'étend sur 4,2 milliards d'années (soit une journée moyenne de Brahma).

Comme il apparaît rapidement à la lecture complète des *Vedas*, des 108 *Upanishad*, des 48 000 vers du *Ramayana* et des 200 000 vers du *Mahabharata* (3), l'ensemble des êtres vivants sont pris au piège du *samsâra*, cycle infini de réincarnations un peu lassant vers la fin.

Chaque nouvelle incarnation (*avatara*) dépend de votre *karma*, somme

(1) Les hindous prétendent évidemment occuper la première place, mais c'est un peu facile : ils comptent les *avatars* !

(2) Dont la seule trace parvenue jusqu'à nous est Daft Punk, hélas.

(3) Bref, le bagage minimum de tout hindou sérieux.

des actions accomplies dans toutes vos vies présentes et antérieures. Si par exemple vous avez tenté de changer de caste ou bousculé une Vache sacrée, inutile d'espérer mieux qu'une réincarnation en amibe.

Pour les hindous, le but de la vie c'est sa fin. Il s'agit de cesser de se réincarner en atteignant, après tous ces avatars (*avatara*), la libération (*moksha*) puis l'extinction (*nirvanâ*), état suprême de non-existence même pas douloureux.

L'organisation sociale hindoue repose sur un système de classes sociales fermées, les *castes*, qui sont au nombre de quatre. Au sommet se trouve la caste des prêtres et des érudits, les *brahmana*, qu'on peut traduire par « brahmanes » ; juste au-dessous vient celle des guerriers et des nobles, les *kshatriya* ; puis celle des artisans et paysans, les *vaishya* ; et enfin celle des dominés, les serviteurs (*shudra*). Hors catégorie, il y a les « intouchables » (*paria*). Ces gens-là sont tellement impurs qu'ils ont bien mérité de rester éternellement tout en bas de l'absence d'échelle sociale.

Le système des castes condamne des générations de parias au sous-développement durable

Dans ces conditions, le simple fait que des dizaines de millions de parias restent quand même hindouistes tend à prouver que ce sont effectivement des sacrés connards.

Le Panthéon hindou est pléthorique, on l'a dit (4) ; mais en réalité, l'essentiel des affaires divines se traite dans le cadre restreint de la trinité (*trimurti*) (6).

Brahma : « Créateur de l'univers », il est né d'une fleur de lotus, elle-même sortie du nombril de Vishnou. L'affaire n'est pas claire : si l'on comprend bien, avant le « Créateur », il y avait déjà au moins deux choses : un lotus et Vishnou ! Autant dire que Brahma ne mérite pas son titre de Créateur de l'Univers : tout au plus, dans un esprit de dialogue, peut-on dire qu'il a *complété* la Création.

Ce fut d'ailleurs son seul job : dieu de l'inaction, Brahma n'a plus rien

(4) S'y côtoient notamment **Indra**, déesse de l'Orage ; **Varuna**, dieu des Eaux ; **Agni**, dieu du Feu ; **Sûrya**, dieu du Soleil ; **Kâma**, dieu de l'Amour (5) ; **Ganesha**, dieu-éléphant, protecteur des entreprises intellectuelles ; **Hanuman**, dieu-singe, plus connu sous son *avatâra* de **Râma** ; **Sarasvati**, dircab de **Brahma**, **Lakshmi**, chargé de mission auprès de **Vishnou** ; **Râdhâ**, maîtresse de **Krishna** ; sans oublier **Yama**, le premier homme – qui sera nommé dieu des Morts dès son décès.

(5) D'où le fameux *Kâma-Sûtra*, manuel de technique amoureuse hindoue particulièrement pointu.

(6) À ne pas confondre avec *I Trimurti* (polyphonie corse).

fait ensuite pendant des milliards d'années, à part respirer. Et encore, juste une fois par *yuga* ! C'est sans doute pour ça que le culte de ce dieu fainéant est assez peu pratiqué, même chez les hindous.

Vishnou : « Conservateur de l'univers » – mais d'un univers en perpétuel mouvement – il a la lourde tâche, comme Giscard en son temps, d'*accompagner le changement*. Hélas, il est un peu dilettante et très suffisant, comme Giscard en son temps.

Shiva : Seul bosseur de l'équipe, il cumule malheureusement les postes de dieu de la *Création* et de dieu de la *Destruction* ; inévitablement, l'efficacité de son travail s'en ressent à long terme.

Avec cette religion cyclique, c'est-à-dire *fermée à toute idée de progrès*, il n'est guère surprenant que la caste politico-économico-médiatique indienne demeure aujourd'hui aussi intouchable qu'avant-hier. Et ce ne sont pas les veuves brûlées vives sur les bûchers funéraires de leurs époux qui me contrediront.

Pendant des siècles, l'espérance de vie des veuves indiennes fut légèrement inférieure à celle des moucherons.

CHAPITRE IX

Bouddhisme

L'heure de la re-création

Ne sois pas attiré par cette lueur bleu-jaune du monde humain, sinon tu renaîtras dans le monde humain et tu devras souffrir la naissance, la vieillesse, la maladie et la mort.

Le *Livre des Morts* tibétain

Le bouddhisme, philosophie sans concepts et religion sans Dieu, est aujourd'hui la quatrième croyance mondiale par le nombre de fidèles (1). Le fondateur du bouddhisme, **Bouddha**, voit le jour vers 560 av. J.-C. dans le nord de l'Inde. Pour l'état civil, son nom est **Siddharta Gautama**. Mais essayez un peu de lancer une religion nommée le siddharta-gautamisme…

Figure classique du bouddhisme tantrique : le rendez-vous de cinq ascètes.

Jeune prince aux joues roses, Little Buddha batifole insouciant à travers les palais royaux, où tout n'est que luxe, came et volupté. Sa vie bascule le jour où il rencontre successivement un vieillard, un malade, un cadavre et un moine mendiant : il découvre alors la *dimension tragique* de la condition humaine.

Bouddha plaque aussitôt palais, épouses, enfants, veaux, vaches sacrées et cochons d'Inde pour une vie d'ascèse sinistre. Son message est clair : tout est douleur, et le reste n'est que souffrance.

Mais soudain, au bout de quelques

(1) Sans qu'on sache très bien à quoi.

années, Bouddha se rend compte qu'une telle vie d'anachorète est aussi vaine que le luxe et les paillettes, et invente enfin la *voie moyenne* : l'ascétisme à paillettes.

C'est sous le figuier de Bodh Gaya (2) que Siddharta connaîtra véritablement l'*Illumination*. Il entre alors dans l'*Éveil* et devient officiellement le « Bouddha » (l'*Éveillé*.) C'est le moment qu'il choisit pour s'éteindre (3).

La doctrine du Bouddha trouve son expression la plus achevée dans le fameux sermon de Bénarès, salué par la critique et la foule de l'époque. Dans ce discours, l'Éveillé s'efforce à son tour de sortir le monde réel de sa léthargie en lui balançant ses « *Quatre Vérités* ».

Vérité n° 1. Tout est souffrance : la guerre, la naissance, la mort, la maladie, les vacances à St-Barth ou à Guantanamo, la perte de l'être aimé, la rougeole, la lecture de Christine Angot.

Vérité n° 2. C'est la *souffrance* qui nous enchaîne au cycle infernal des réincarnations, et la source de toute souffrance est le *désir*.

Vérité n° 3. On ne peut se délivrer de la souffrance que par l'extinction de tous les désirs (4).

Vérité n° 4. Pour se libérer de toute souffrance, il est recommandé d'emprunter la *Noble Octuple Voie.*

La NV 8 conduit à tout faire « de manière juste » et, accessoirement, à s'inscrire dans un monastère bouddhiste pour vivre en communauté (*sangha*) avec des amis bonzes (*bonzai*) en respectant les 228 règles (*dharma*). On a alors droit à une robe couleur safran et à un repas quotidien, fruit de l'aumône matutinale et servi jusqu'à 11 heures.

On comprend mieux, dès lors, l'expansion très rapide du bouddhisme loin de chez nous, d'abord en Afghanistan et en Ouzbékistan, puis en Chine (où il devient religion officielle (6) en 470) et dans plein d'autres pays jaunes.

Les bouddhologues distinguent volontiers deux formes historiques de cette sagesse. Le Petit Véhicule (*hinayana*), comme son nom l'indique, ne dispose que d'une place unique pour le conducteur, qui ne peut donc recher-

(2) Espèce rare de figuier qu'on ne trouve que dans les pays chauds et l'enseignement du Bouddha.

(3) Comme chez les hindous, l'*extinction* est un choix : celui d'en terminer avec le cycle infernal des réincarnations (*samsâra*) pour accéder enfin au Grand Rien (*nirvanâ*).

(4) Problème : pour renoncer à tout désir, encore faut-il le désirer ! Bref, le bouddhisme authentique ne consisterait-il pas en cet ultime renoncement : renoncer à désirer renoncer à tout désir (5) ?

(5) Ce n'est bien sûr ici qu'une piste de réflexion parmi d'autres – dans le respect de toutes les croyances, sans distinction d'origine ni de sens. (Note de l'avocat.)

(6) Une religion sans Dieu créateur, on l'a vu plus haut, mais pas sans divinités secondaires. La plus populaire chez les bouddhistes est sans conteste **Avalokistesviara**, de sexe indéterminé, mais capable de prendre toutes les formes imaginables pour accomplir sa mission : sauver les humains (un peu comme **Superman** – ou **Wonderwoman** si c'est une meuf).

cher que son salut personnel. Le Grand Véhicule au contraire (*mahayana*), lancé au début de notre ère, prône un salut collectif, un peu comme dans le marxisme. Pour les adeptes du B.G.V., le modèle est le *bodhisattva* (l'« être réveillé »), capable de renoncer à son propre salut pour conduire éternellement, dans son grand véhicule, tous les autres au nirvana (7).

Bref, comme le résumait à peu près Séverine Ferrer à l'issue de son entretien avec le **Dalaï-Lama** : *« Avec une Smart tu peux prendre un seul passager ; que si t'as un autocar, t'en trimballes minimum soixante ! »* (8).

Le bouddhisme, une religion de toutes les douleurs

Mais on ne saurait clore ce chapitre sans évoquer les bouddhismes tantrique et zen ; une telle omission serait un affront tant à la rigueur scientifique qu'aux lectrices de *Marie-Claire*.

La spiritualité tantrique peut être soit rattachée au Grand Véhicule, soit considérée comme une troisième voie. On parle alors du Véhicule Tantrique, c'est-à-dire « livresque », puisque aussi bien *tantra* signifie « livre » (9). Le tantrisme est le seul Véhicule tout terrain actuellement disponible sur le marché ; solide, il s'adapte aussi bien aux routes escarpées du Tibet qu'aux *highways* de l'âme occidentale.

Le zen, en revanche, ne reconnaît l'autorité d'aucun texte sacré. À preuve, le mot *zen* signifie « méditation » (et non pas *coolitude*, comme dans la vulgate occidentale). Il s'agit d'une école ultra-minoritaire du bouddhisme japonais, et pour cause : les monastères zen comptent parmi les plus austères au monde. Réveil à 3 heures du matin, douche glacée, séances de *zazen* (« méditation assise ») tous les quarts d'heure, bains d'orties, coups de bambou sur le crâne et, en fin de cycle, séances de lévitation dans des grottes à stalactites.

(7) Tel un « capitaine de soirée ».

(8) Citation apocryphe dont la formulation plaisante n'a d'autre objet, sur une matière excessivement ardue, que de faire image auprès du grand public inculte en général, et des admirateurs de Mlle Ferrer en particulier. (Note de l'avocat.)

(9) Et non pas « bouquin de cul », comme le croient certains pratiquants.

CHAPITRE X

Taoïsme et confucianisme

La révolution culturelle

Mes paroles sont très faciles à comprendre et à mettre en pratique. Cependant, il n'existe personne dans le monde entier qui soit capable de les reconnaître ni de les appliquer.

Lao-tseu

Au VIe siècle avant notre ère, la Chine, de crise en crise, s'enfonce dans la décadence. Deux êtres extraordinaires vont permettre son réarmement moral, et ce quasiment sans pertes civiles : **Lao-tseu** (ou Laotzu, ou Laozi) et **Confucius** (ou Kongfuzi, ou K'ong-fou-tseu).

La légende (ou la rumeur, ou l'histoire) veut que nos deux héros se soient rencontrés. Pourtant, Dieu sait que le taoïsme, doctrine spirituelle, n'a rien à voir avec le confucianisme, doctrine sociale et politique ; sans compter que, selon certains taologiens, Laotzu n'aurait jamais existé.

Comme beaucoup de mamans de fondateurs de religions, Mme Lao-tseu mère a fait beaucoup jaser le voisinage avec sa grossesse ; en l'occurrence, celle-ci aurait duré 81 ans, ce qui a surpris même les gynécologues de l'époque.

Mais il y a mieux : à en croire des sources proches de la famille, elle aurait mis son enfant au monde *par l'aisselle gauche*. Pour être franc, c'est à des détails comme ça qu'on a parfois le sentiment irrépressible qu'on nous raconte des conneries (1).

Le **taoïsme** est d'abord une philosophie (*Dao Jiu*). C'est seulement au Ier siècle après J.-C. qu'apparaîtra le taoïsme comme authentique religion (*Dao Jiao*), dotée de rites suffisamment complexes et d'une Église convenablement hiérarchisée.

La simple observation de la nature

(1) Mon client a parlé d'un « sentiment », et en aucun cas d'une *certitude* – auquel cas, on le concédera bien volontiers, une telle considération eût pu être interprétée comme diffamatoire. Même si dans le droit français, rappelons-le, la liberté d'expression a valeur constitutionnelle. (Note de l'avocat.)

conduit tout droit à la vérité du tao : rien ne s'oppose, tout se complète. Rien n'échappe à la transformation perpétuelle, parce que tout dépend de tout le reste et que ça bouge toujours quelque part (2).

Cela dit, si l'on affirme au contraire que rien ne se transforme, que tout est indépendant de tout le reste et que rien ne bouge nulle part (3), du point de vue du tao c'est vrai aussi ; d'ailleurs, ces deux vérités n'en font qu'une.

Mélanger philosophie, politique et religion, c'est ça le confusianisme !

Tout se résume en fait aux deux énergies vitales : le *yin* et le *yang*. Le yin est féminin, passif, froid : Virginie Ledoyen et les pingouins sont plutôt yin. Le yang en revanche est masculin, chaud et actif : parmi les cas de yang classiques, on peut citer notamment les lapins et Gérard Depardieu. Si malgré ces éclaircissements, vous confondez toujours le yin et le yang, n'ayez aucune crainte : c'est que vous êtes déjà dans le tao !

Contrairement au taoïsme, le **confucianisme** est essentiellement un enseignement philosophique et politique. Toutefois, au fil du temps viendra s'y ajouter un culte voué à la personnalité charismatique de Confucius – un peu comme cela se reproduira plus tard avec la spiritualité maoïste (4).

Issu de la petite noblesse désargentée en voie de prolétarisation, Confucius, de son vrai nom maître Kong, vit entre 551 et 479 av. J.-C. Véritable surdoué de la sagesse, le jeune Kong n'a que 22 ans lorsqu'il ouvre son école, destinée à faire bénéficier ses disciples de la perfection de son enseignement.

Mais le philosophe n'en oublie pas pour autant la science politique. Fin analyste de la crise de la dynastie Zhou, génératrice de luttes fratricides entre plein de petits États avides de pouvoir, maître Kong partira même en tournée pour offrir ses conseils aux puissants de tous bords. Cependant, après un échec retentissant à la tête d'une province, il renonce définitivement à la politique (comme Lionel Jospin tous les cinq ans) pour se cantonner à l'enseignement de la philo (comme Luc Ferry depuis cinq ans).

Convaincu néanmoins d'avoir une mission sur Terre, Kong prêche inlassablement les antiques vertus des vieux

(2) Sauf à Châteauroux après 23 heures.

(3) Même au *Queen* lors des soirées disco du lundi.

(4) Dont l'école française (Sartre, Sollers, Spirou), la plus dynamique, ira jusqu'à exclure de l'intelligentsia le sinologue Simon Leys, auteur en 1973 d'un pamphlet grossièrement maophobe – et réfugié depuis lors en Australie.

Les deux grandes stars de la spiritualité chinoise étaient de vieux messieurs, comme chez nous Mick Jagger et Johnny Hallyday.

rois illustres de l'ancienne Chine, au risque de passer pour un « nouveau réactionnaire » (5).

Au reste, la pensée Kong n'est pas toujours exempte de relents délétères ; ainsi son idéalisation systématique d'un passé fantasmé servira-t-elle de fondement au système d'éducation rigide que va subir pendant deux mille ans la Chine pré-communiste.

Sous couvert de discours sur l'harmonie et de poésie orientalisante, maître Kong se fait le chantre d'un système ouvertement autoritaire : le souverain doit obéir au Ciel, le sujet au souverain, le fils au père, le grand-père à l'arrière-grand-père, le demi-frère au frère, le cadet à l'aîné, le dominé au dominant et la souris au chat.

Aussi faible à l'écrit que Socrate et Jésus, maître Kong ne nous est connu que par les *Lunyu* (entretiens avec ses disciples), rédigés longtemps après sa mort et truffés d'inexactitudes. Parmi les disciples de Confucius, on retiendra le nom de Han Fei Zi, responsable de la dérive du kongisme vers le *légalisme* (6). Derrière cette appellation rassurante se cachent des préceptes *chelou* qui serviront à cautionner sournoisement un régime totalitaire appuyé sur un système pénal impitoyable et un contrôle social omniprésent. Exactement comme dans la Chine communiste ! C'est fou comme tout se tient, parfois.

(5) Voir cette formule *in* Daniel Lindenberg, *Le Rappel à l'ordre* (Le Seuil, 2002).

(6) Que Kong maudisse son engeance jusqu'à la 1 000e réincarnation !

CHAPITRE XI

Aztèques et Mayas

L'esprit de sacrifice

On devient fou sous le soleil de Mexico.
L. Mariano

Mexicains et Guatémaltèques ont dû attendre la conquête espagnole de 1519-1521, menée par Hernán Cortés (1), pour être enfin libérés de la domination impériale des Mayas, des Aztèques et de leurs dieux.

La **religion aztèque**, l'une des plus riches au monde en matière d'arrachage de cœurs, repose sur un mythe fondateur assez signifiant. En s'accouplant, **Ometecutli** et **Omecihualt**, les Adam et Ève locaux, auraient donné naissance à… un couteau ! Et c'est ce couteau qui, en tombant sur terre, aurait engendré la totalité du Panthéon aztèque.

Uitzilopochtli, malgré son nom limite fantaisiste d'« oiseau-mouche du sud », est le dieu de la Guerre. Pour fêter dignement la consécration de son temple principal, en 1486, on lui sacrifiera pas moins de 70 000 prisonniers de guerre – preuve qu'il est tout sauf un rigolo.

Tezcatlipoca, autre divinité festive, est le dieu de l'Hiver et de la Mort. Dans les milieux défavorisés, on l'appelle aussi **Titlacahuan** ; sous ce pseudo, il est le protecteur des esclaves, garant de leur survie et surtout de leur statut.

Teteo Innàn porte le titre flatteur de « Mère des dieux » – même s'il semble qu'au jour le jour, elle ne se soit guère occupée de sa progéniture.

Xochiquetzal, « fleur précieuse », cumule les portefeuilles divins de la Jeunesse et de l'Amour. C'est d'ailleurs à ce double titre qu'on lui consacrera le sacrifice propitiatoire d'une poignée de nouveau-nés préalablement désossés (3).

(1) En qui les Aztèques crurent d'abord reconnaître le dieu **Quetzalcoatl** (2), avant qu'il ne soit trahi par son accent.

(2) **Quetzalcoatl**, célèbre pour ses *plumes de serpent*, est le *« dieu de l'Étoile du matin »* – sans qu'on sache très exactement ce que signifie cette *épiclèse* (cf. *supra*, ch. VII).

(3) Selon la légende ; mais aucune source crédible n'atteste non plus le contraire.

Et on prétend que les Mayas n'avaient pas de cœur !

Pour sa part **Centeotl**, dieu du Maïs, est un type plutôt tranquille et sans histoires d'après ses voisins.

Quant à **Xipe Totec**, dieu de la Fertilité, il est sans doute l'un des plus exigeants en matière de culte. Pour la fête du Printemps par exemple, on l'honore de sacrifices humains strictement codifiés : les victimes sont dépecées et les prêtres, pour officier, doivent se revêtir de leur peau (4).

La société aztèque, plutôt puritaine, a pour valeurs cardinales l'amour de la vérité, l'honnêteté, la fidélité conjugale et l'égalité de droits entre tous les sexes. Enfreindre une de ces règles morales est sévèrement puni si le coupable est noble (écartèlement, supplice de la roue), plus facilement excusé s'il appartient au lumpenprolétariat (simple arrachage des ongles, crevaison d'un seul œil).

En fait les Aztèques ne sont pas foncièrement cruels, comme pourrait le laisser penser une approche superficielle de leurs coutumes. Simplement ils sont persuadés que, sans un quota significatif de sacrifices

(4) Avec tous les problèmes de taille que ça peut poser.

humains, la vie sur terre risque de disparaître entièrement. D'ailleurs, ça ne serait pas la première fois : selon la tradition aztèque, l'humanité a déjà été totalement détruite à quatre reprises !

Les dieux, quand ils sont mécontents des hommes, ont le droit de les exterminer *une fois tous les 52 ans*. Dans ces conditions, la politique sacrificielle des Aztèques, souvent critiquée comme « barbare », relève au contraire de la *bonne gouvernance* : elle permet de sauver leur civilisation jusqu'à deux fois par siècle, au prix de quelques massacres au casting ciblé (5).

Les conquistadores s'acharnent contre des religions précolombiennes qui, pour leur part, n'ont jamais persécuté les catholiques

La **civilisation Maya**, voisine de celle des Aztèques mais plus ancienne encore, est dotée d'un Panthéon moins glorieux. Ainsi la carrière de **Hunab Ku**, dieu créateur, est-elle marquée par deux échecs cuisants, lorsqu'il tente successivement de créer l'homme avec de l'argile, puis avec du bois. L'opération sera finalement menée à bien avec l'aide d'un épi de maïs.

Kinich Ahau, « le seigneur qui a le soleil sur le front », est, sans surprise, le dieu du Soleil. Pour des raisons plus obscures (6), il est aussi surnommé par ses proches « *la luciole verte* ».

Ix Chel est déesse de la Terre, de la Lune et de la Fertilité. Malgré ces multiples responsabilités, assez prenantes j'imagine, elle trouve encore le temps de sortir avec **Itzamnà** (7).

Ux, en revanche, doit se contenter d'un mi-temps en tant que dieu du Maïs ; c'est d'ailleurs pour cela qu'il est toujours cité en dernier. Mais quand on sait qu'il se fait appeler « *quetzal furieux qui s'ébat peu après l'aurore dans la rosée du sud* », on comprend que ce dieu inutile est aussi un bien mauvais poète (8).

(5) Tel est d'ailleurs le but des incessantes campagnes militaires aztèques : recruter un max de prisonniers comme figurants pour les sacrifices.

(6) Sans doute liées à sa vie privée…

(7) Dieu du Ciel, de l'Agriculture, de la Culture et du Temps libre.

(8) Vas-y, fais-toi plaisir, casse du Maya ! Y a des chapitres où tu feras moins le malin… (Note de l'avocat.)

CHAPITRE XII

Zoroastrisme, manichéisme, jaïnisme, shintoïsme, sikhisme

Les religions d'Asie mineures

Vers l'Orient compliqué, je volais avec des idées simples.

Charles de Gaulle

Le mazdéisme : Also sprach Zoroastre

Le zoroastrisme, ou mazdéisme, est *la* religion en vogue dans la zone persane entre 558 av. J.-C. et 651 ap.

Son fondateur, Zoroastre ou Zarathoustra, serait né selon les zoroastrologues en 630 av. J.-C. à Bactra. Il se signale très tôt par sa *rebel attitude* vis-à-vis de l'antique culte iranien de Mithra, dont il va jusqu'à critiquer les sacrifices, qualifiés de « *cruels* ». Avec de telles dispositions d'esprit, pas étonnant qu'à 30 ans il soit toujours chômeur et dépressif !

C'est alors que Zoroastre se voit soudain investi d'une mission de confiance par le dieu suprême, **Ahura Mazdâ** en personne : il est nommé Grand-Prêtre du mazdéisme, un job qui va l'épanouir enfin !

C'est sous le règne de Cyrus le Grand (550-530) que le zoroastrisme devient religion d'État. Mais à peine deux siècles plus tard, son successeur Alexandre le Grand casse déjà l'ambiance en détruisant l'unique exemplaire de l'*Avesta* (leur Livre sacré).

Après un premier regain sous la dynastie Sassanide, les mazdéens connaissent une nouvelle déconvenue lorsque l'islam devient religion d'État à leur place en 651. Ils restent tolérés certes, mais avec un je-ne-sais-quoi de condescendance qui à la longue peut énerver. Beaucoup d'entre eux préfèrent d'ailleurs s'exiler aux Indes, donnant le jour à une variante locale nommée « parsisme ». L'anecdote amusante à cet égard, c'est que ce sont précisément des parsis qui, au XVIIIe siècle, confieront leur *Zend Avesta* (Livre sacré de remplacement) à Anquetil-Duperron (1) !

Ahura Mazdâ est la divinité suprême, le dieu créateur, débordant de Vérité, de Bonté et de Lumière – à défaut de sens de l'humour.

En ce qui concerne le culte des morts, les zoroastriens rejettent à la fois l'enterrement et l'incinération, soucieux qu'ils sont de ne souiller ni le feu ni la terre. Ils leur préfèrent une pratique plus alternative (2) : déposer leurs chers disparus sur des « *tours de silence* » où ils seront dévorés par des vautours.

On a souvent accusé le zoroastrisme de dérive monothéiste, car A. Mazda y occupe une place infiniment plus importante que toutes les autres divinités, réduites à ses côtés à faire de la figuration plus ou moins intelligente.

L'exception s'appelle **Angra Mainyu** (« le mauvais esprit »), dieu du Mal, du Mensonge et des Ténèbres, contre lequel Ahura Mazdâ lutte perpétuellement – un peu à la manière de Luke Skywalker contre Dark Vador ou, plus près de nous, Gandalf contre Soron.

De nos jours les zoroastriens sont encore 10 000 en Iran, mais surtout 200 000 en Inde, où le parsisme fait un malheur chez les cadres supérieurs européanisés, que n'impressionnent plus le fatras hindouiste et ses avatars.

Zarathoustra, Mani, Mahavira, Nanak : le cercle des prophètes disparus

Manichéisme : ni tout noir, ni tout blanc

Foin des idées toutes faites ! Contrairement à ce que répètent les cuistres et les incultes, le manichéisme ne consiste pas à affirmer bêtement que tout ce qui n'est pas noir est blanc, ni même l'inverse. En fait, comme diraient ces cuistres incultes, « *c'est beaucoup plus compliqué que ça !* ».

Mani (3) naît le 14 avril 216 à Mardînû en Babylonie ; la plupart des spécialistes en déduisent qu'il aurait vécu aux alentours du IIIe siècle. Nous n'entrerons pas dans cette polémique.

Prophète précoce, Mani établit son premier contact avec « l'Être de splendeur » à 12 ans, par le truchement de l'ange At-Taum (« le jumeau », en nabatéen courant). Une seconde révélation, à l'âge de 24 ans, lui permet de compléter son dossier et de s'imposer en tant que « prophète à Babylone », filière pourtant saturée à l'époque.

(1) Abraham-Hyacinthe Anquetil-Duperron (1731-1805), orientaliste français, spécialiste du mazdéo-parsisme. Y a vraiment des gens qui n'ont rien à foutre !

(2) Et vice versa.

(3) Connu aussi sous les noms de Manès, Manichaeus, Monikhaïos et Monique.

Mani part en tournée jusqu'en Inde. Sa doctrine, fondée sur de solides bases gnostiques, est une tentative de synthèse entre zoroastrisme, christianisme et bouddhisme que bouddhistes, chrétiens et zoroastriens s'accordent à juger « *audacieuse* », voire « *aberrante* ».

Mani fait rapidement de nombreux adeptes avec le soutien du roi Shappur Ier de Perse, qui le nomme chef de la nouvelle religion d'État de l'Empire. Mais c'est à son successeur Sharâm Ier que le manichéisme doit son véritable lancement, grâce à la surexposition médiatique qu'il offre à Mani en le jetant en prison (4).

La vague manichéenne va alors déferler sur toute l'Afrique du Nord, et même s'étendre jusqu'en Chine en passant par l'Espagne. Pour Mani, c'est simple ; tout procède de deux principes radicalement opposés : Lumière et Obscurité, Dieu et Matière, Bien et Mal, Cru et Cuit, Littérature et Angot…

Hélas, tout s'est mélangé lors du *bug* des origines ! Une seule solution : séparer à nouveau, et radicalement, les deux principes. Comment faire ? En lisant le *Shabuhragan*, écrit fondateur de Mani ; il suffit pour cela d'être ouvert d'esprit et de manier correctement le pehlvi.

Jaïnisme : la Vérité toute nue

Le jaïnisme est une très ancienne hérésie hindoue. Au VIe siècle av. J.-C., le prince Jnata, sous le pseudonyme de **Mahavira**, lance un double coup de gueule théologique : contre le système des castes, jugé antidémocratique, et contre le surpeuplement du panthéon hindou (33 millions de divinités). Mahavira décide d'en mahavirer 32 999 976.

Après ce théocide unique dans l'Histoire, il ne reste plus que 24 divinités, les *Jina* (« *maîtres victorieux des passions du monde* »), dont Mahavira se trouve justement être le dernier. C'est fou comme tout se tient, parfois !

Le nombre des jaïns en Inde s'élève aujourd'hui à 4 millions, regroupés dans les États du Maharashtra, du Rajasthan, du Gujarat et du Seladesh (5).

Le jaïnisme se signale par un respect extrême, quasi religieux, à l'égard de toutes les formes de vie. Ses adeptes portent un voile pour éviter d'avaler un moucheron, et balayent devant leurs pas pour éviter les insecticides (6).

Pacifistes, ils prêchent la non-violence absolue (*ahimsa*), aussi bien face

(4) Où il s'éteindra le 26 février 277 dans d'atroces souffrances.

(5) Le dernier de ces États indiens est imaginaire. Saurez-vous deviner lequel ?

(6) Insecticide : génocide d'insectes.

à un moustique récidiviste qu'à un léopard en rut.

Les valeurs du jaïnisme, préconisées pour échapper au *samsâra*, sont respectables mais pas très innovantes. On distingue, par ordre d'importance décroissante, la vérité (*satya*), la probité (*asteya*), le renoncement (*aparigraha*) et la chasteté (*brachmarcharya*) (7). Mahavira mettra sa touche personnelle à cette liste en y ajoutant, de manière un peu arbitraire, le nudisme.

Shintoïsme : quand Dieu démissionne…

Religion nationale du Japon, le shintoïsme vénère 800 millions de divinités (soit environ 3 par Japonais). Selon la tradition consignée dans le *Kojiki* (1712), et surtout dans l'excellent *Nihon-shoki* (1720), les dieux créateurs du Japon (8) répondent aux noms d'**Izanami** et **Izanagi** (ce qui ne va pas sans problème pour les shintoïstes durs d'oreille). Outre le Japon, ils vont donner naissance à **Amaterasu**, déesse du Soleil (9), dont la lignée se prolongera jusqu'aux empereurs terrestres, de **Jimmu Tenno** à **Hiro Hito**.

Ce dernier, né dieu en 1901, a dû renoncer à ce statut en 1945 sous l'amicale pression des Américains. Premier dieu de l'Histoire à démissionner officiellement, l'empereur déçu devra se contenter par la suite de la modeste condition humaine, avec toutes les limitations de pouvoirs que ça implique ; il se consolera comme il peut en se spécialisant dans l'étude du plancton.

Apparemment acquis aux idées nouvelles, son fils et successeur depuis 1989, Aki Hito, n'a jamais tenté la moindre démarche pour rétablir ses prérogatives de *Dieu vivant.*

À part ça, les shintoïstes japonais vénèrent églement les Forces de la Nature ainsi que les morts de la guerre (criminels de guerre compris).

Sikhisme : les aventures de Nanak et Guru

Subtil dosage d'hindouisme et d'islam, le sikhisme, lancé vers 1520 par le gourou **Nanak** (10), conjugue la foi en un Dieu unique – **Guru** (11) – et les problèmes de *samsâra* genre : vaut-il mieux se réincarner en babouin hamadryas ou en Michel Onfray (12) ?

(7) Sic.

(8) Le reste du monde ils s'en tapent, ces prétentieux !

(9) Ce qui n'est pas un emploi fictif, vu que le soleil est l'*emblème* du Japon !

(10) Retenez bien ce nom, vous ne l'entendrez plus jamais de votre vie.

(11) Prononcer « Gourou ».

(12) J'ai mon idée.

Contrairement à ce qu'on pourrait penser, le *Guru Granth* n'est pas un whisky sikh, mais le Livre sacré du sikhisme, conservé dans le Temple d'or d'Amritsar (13).

À l'instar des jaïns, les sikhs rejettent le système des castes, au nom d'un idéal de fraternité universelle somme toute honorable.

Aux yeux des sikhs, tous les hommes sont des « lions » (*singh*) et toutes les femmes des « princesses » (*gaur*). Cette galanterie délicieusement obsolète n'exclut d'ailleurs pas un féminisme visionnaire : les sikhs revendiquent au quotidien une stricte parité lions/princesses.

On reconnaîtra aisément un sikh dans un dîner en ville (14) grâce à ses « cinq K » : barbe et cheveux longs (*kes*), peigne en guise de broche dans la chevelure (*kanga*), bracelet d'acier (*kara*), pantalon de Tintin (*kacha*) et épée d'Excalibur (*kirpan*).

On compte actuellement 16,5 millions de sikhs en Inde et 400 000 en Grande-Bretagne, ce qui n'est pas sans rapport avec l'exceptionnelle vitalité du marché du turban dans ces deux pays.

(13) Ce détail n'ajoute rien, mais avouez que ça fait classe !

(14) Ou chez Ardisson.

TROISIÈME PARTIE

Les religions nouvelles

CHAPITRE XIII

Jésus-Christ

Une seule solution : la Révélation !

They ain't makin' Jews like Jesus anymore.
Kinky Friedman

Jésus naît en 0 dans la banlieue de Bethléem, petite cité de Judée jusque-là sans problèmes.

La Tradition veut que sa naissance ait eu lieu dans une étable. Mais ce que l'on sait de la famille du Divin Enfant rend peu plausible cette version. Comme le dira, bien plus tard, l'archevêque de Paris, Mgr de Quélen (1), « *non seulement notre Seigneur Jésus-Christ était le fils de Dieu, mais encore il était d'excellente famille du côté de sa mère* ».

Marie, née le 8 septembre 16 avant son fils, a fait tout son primaire à l'école du Temple de Jérusalem, ce qui n'est quand même pas donné à tout le monde. Quant à l'enfant Jésus, il a vu se pencher sur son berceau trois rois – légendaires certes, mais venus spécialement à Bethléem pour l'événement.

Bien avant la fécondation in vitro (2), Marie entre dans l'Histoire pour avoir enfanté son fils en demeurant vierge. Elle est alors fiancée à Joseph, modeste mais courageux charpentier (3) qui n'en demandait pas tant. Or, au lieu de lapider sa femme comme tout le monde, Joseph accepte sa grossesse divine – d'ailleurs annoncée officiellement à Marie par l'archange Gabriel, un proche de Dieu (4).

(1) 1778-1839.

(2) Mais bien après la parthénogenèse des pucerons.

(3) Chanté notamment par J. Hallyday, in *Si j'étais un charpentier*, Philips, 1967 ap. J.-C.

(4) Le même qui, sous le pseudonyme transparent de Djibril, visitera plus tard le Prophète (5).

(5) Mahomet.

À peine né, le petit Jésus doit fuir avec ses parents en Égypte. En effet, le roi en exercice, Hérode Ier, averti par une prophétie qu'un bébé âgé de 0 à 2 ans lui ravirait son trône un de ces quatre, a prudemment décidé de faire exterminer la totalité de cette classe d'âge. Le bilan de ce « *massacre des saints Innocents* » (6) varie, selon les sources, de 144 000 bébés à une vingtaine.

Hérode décédé, la famille regagne la Palestine, plus précisément la jolie bourgade de Nazareth, où Joseph va créer sa propre PME. Marie, mère juive sans être vraiment abusive, élève son fils au mieux, et le petit Jésus fait preuve de réels dons intellectuels. C'est ainsi qu'à 12 ans déjà, il trimballe les docteurs du Temple sur des points essentiels de doctrine. Et ce n'est qu'un début…

À 28 ans, Jésus reçoit le baptême des mains de son cousin Jean-Baptiste, un prédicateur populaire auprès de l'Israël d'en bas, mais plutôt mal vu par les autorités religieuses.

L'année suivante, Jésus se sent fin prêt pour « *accomplir la volonté de son Père* » (7). Il démarre en Galilée par une tournée de miracles-débats qui fait un malheur – à tel point qu'il faudra multiplier aussi les dates !

Il faut dire que Jésus annonce au grand public rien de moins que la *Bonne Nouvelle* (8) : le Sauveur envoyé par Dieu et annoncé par les Prophètes est enfin arrivé – et c'est Lui !

La notoriété de Jésus est renforcée par ses miracles. Qu'ils soient d'ordre pratique (transmutation de l'eau en vin à Cana), ludique (promenade sur l'eau à Tibériade) ou plus ambitieux (guérisons variées, résurrection de Lazare), ces prodiges accentuent indéniablement sa crédibilité de fils-de-Dieu-fait-homme.

Pourtant certains milieux de l'opinion juive, en particulier les élites religieuses et administratives, doutent de la réalité de ces miracles et parlent de trucage.

Au demeurant, le message de Jésus n'arrange pas son cas : à l'en croire, les Dix Commandements donnés par YHWH à Israël se résumeraient à deux qui en réalité n'en font qu'un – lequel de surcroît s'adresse à l'humanité tout entière : « *Tu aimeras ton prochain comme toi-même.* » C'en est trop pour les intégristes, qui n'apprécient guère cette « relecture » de la Loi juive, par trop lapidaire et universelle (9). Quant aux zélotes, tout comme les

(6) Comme titrait la presse du lendemain.

(7) Comme il dit dans l'intimité, les quatre Évangiles et même les Actes des Apôtres.

(8) *Bonne nouvelle* : prononcer *éfaneguélos*. C'est d'ailleurs de là que vient le mot *Évangile*, peu de gens le savent.

(9) En fait, comme devraient le savoir MM. les intégristes, le commandement « *Tu aimeras ton prochain comme toi-même* » figure déjà dans le Lévitique.

Les derniers moments du Christ furent un vrai calvaire.

Esséniens, ils voient en Jésus purement et simplement un collaborateur de l'occupant. Leur argument ? Une interprétation fautive, voire maligne, du fameux « *Rendez à César…* ».

Il est vrai que le Galiléen (10) refuse d'entrer en résistance contre Rome, au nom de l'amour du prochain et de la séparation des pouvoirs.

Au début des années 30, Jésus est au zénith de son influence. Entouré d'une solide équipe de douze apôtres, recrutés pour l'essentiel dans des milieux modestes, il réunit partout des foules considérables et s'offre même une entrée triomphale à Jérusalem.

Jésus hérite de son Père grâce à un Nouveau Testament

C'en est trop pour l'establishment local : sous la direction du tétrarque Hérode, fils du roi Hérode Ier, une coalition de pharisiens, de sadducéens et d'esséniens se forme pour en finir avec cet agitateur qui, à force de se prétendre le « *fils de Dieu* », prend décidément trop de libertés avec la religion de ses pères.

En 33, les anti-Jésus réussissent à retourner un de ses apôtres, Judas. Dès lors, tout va se jouer en l'espace d'une semaine : le mardi (11), Jésus réunit ses douze apôtres pour la Pâque. Cette Cène ne portera pas chance à son organisateur, ni du reste au chiffre 13.

En tant que Dieu-fait-homme, Jésus est (sur)naturellement conscient de ce qui l'attend. Au beau milieu du repas, il va même jusqu'à plomber l'atmosphère en annonçant la trahison qui va conduire à son arrestation ; puis, comme si de rien n'était, il enchaîne sur le lancement d'un nouveau sacrement : l'Eucharistie (12). Mais l'ambiance n'y est plus…

Aux dires des témoins, à l'issue de cette Cène, la sérénité de Jésus est totale. C'est seulement sur le mont des Oliviers qu'il va soudain donner libre cours à son angoisse, prouvant une fois encore son côté humain, et balayant ainsi d'avance l'hérésie monophysite.

Au matin du mercredi, il est arrêté par une petite troupe de vigiles du Temple et de soldats guidés par Judas – qui ne l'emportera pas au Paradis.

Jésus passe en comparution immédiate devant le Sanhédrin, Haute Cour religieuse constituée de prêtres et de notables, sous les chefs d'inculpation de « *blasphème* » et « *tentative de destruction du Temple* ». Un seul de ces deux crimes mérite la mort ; mais, cer-

(10) Comme on l'appelle hors de Galilée.

(11) Dit « *Jeudi saint* » chez les catholiques.

(12) Pour plus de précisions sur ce sacrement, voir *infra* p. 76 .

tains juges cléments ordonnent parfois la confusion des peines.

Déclaré coupable à l'unanimité, Jésus doit encore être condamné au civil par l'autorité romaine, en l'occurrence le préfet Ponce Pilate. Ce dernier, que les histoires juives n'amusent guère, serait plutôt enclin à relaxer Jésus – qu'il juge innocent dans tous les sens du terme. Toutefois, pour des raisons de carrière, il préfère calmer le jeu en déférant aux exigences d'Hérode et du Sanhédrin.

Pilate tente quand même de s'en tirer avec élégance en proposant l'acquittement de Jésus par acclamations, mais la populace de Jérusalem vote Barabbas (un criminel local). Dès lors, humainement parlant, plus rien ne peut sauver le fils de Dieu.

Ponce se lave symboliquement les mains et refile le dossier à la justice religieuse juive, qui confirme sa sentence de mort en l'adaptant aux mœurs romaines de crucifixion.

Après une intense séance de flagellation (13), Jésus a droit aux blagues foireuses des soldats romains, qui le coiffent par dérision d'une couronne d'épines et lui font même boire du vinaigre !

Au cours de ses trois heures d'agonie, Jésus a le temps – et la force – de prononcer quelques phrases historiques (14). La première d'entre elles, « *Mon Dieu, pourquoi m'as-tu abandonné ?* », sonne comme un cri de désespoir ; mais c'est aussi le début du Psaume XXII, et Jésus était cultivé.

Porté au tombeau le vendredi soir par Joseph d'Arimathie, Jésus en sort le dimanche matin en pleine forme physique et intellectuelle, et se paye même un succès de curiosité auprès des chiffonniers d'Emmaüs.

(13) Presque aussi violente que dans le film de Mel Gibson.

(14) Cf. Joseph Haydn, *Les Sept Dernières Paroles du Christ en Croix.*

CHAPITRE XIV

Catholicisme

What a messe !

Une société à prétention divine comme l'Église est peut-être plus dangereuse par l'ersatz de bien qu'elle contient que par le mal qui la souille.

Simone Weil

Dogmes : du repli doctrinaire à l'ouverture humaniste

L'essentiel du dogme catholique provient des conciles de Nicée (325), Constantinople (381) et Chalcédoine (451). Toutefois, le *Symbole des Apôtres* (1), texte anonyme et nettement antérieur (disons IIIe siècle après J.-C.), avait déjà fourni une bonne base au corpus doctrinal catholique en formulant la première version du *Credo* (« Je crois en Dieu le Père tout-puissant (2) », etc.).

Les ajouts ultérieurs des conciles serviront essentiellement à préciser la doctrine de l'Église face aux premières hérésies (arianisme, nestorianisme, monothélisme), schismes (comme celui de Photios) (3), querelles (iconoclasme) et autres inévitables couillonnades.

Mais revenons à nos moutons, en l'occurrence l'agneau de Dieu. Jésus, Fils unique du Père, est lui aussi de nature divine, bien que soumis à la condition humaine comme vous et moi. Bref, c'est *Dieu incarné*, dont le sacrifice consenti a un but : racheter

(1) Le mot « symbole » est à prendre ici au sens religieux (formule dans laquelle l'Église résume sa foi) et non au sens courant (métaphore imagée visant à faire comprendre un truc totalement abstrait (ex. : la « *colombe de la Paix* »).

(2) Généralement représenté comme un solide septuagénaire de race blanche, abondamment barbu et à l'air pas commode.

(3) Patriarche de Constantinople successivement déposé (862), excommunié (863), excommunicateur (867), redéposé (868), réexcommunié (870) puis réinstallé et réhabilité (877) et même canonisé (4).

(4) Mais seulement par les orthodoxes, faut pas pousser !

les péchés des hommes, leur permettant ainsi d'assurer leur rédemption – pour peu qu'ils le souhaitent… Parce que, comme dit joliment Jésus, « *on ne fait pas boire un âne qui n'a pas soif* ».

Pour ceux qui croient au *Credo*, la mort du Christ sur la Croix, puis sa résurrection attestent qu'il est à la fois vrai homme et vrai Dieu. Quant aux autres, ils ont tendance à émettre des doutes sur la crédibilité de cette « résurrection » et à n'y voir qu'un coup médiatique.

Au cours des siècles, l'Église catholique va s'enrichir de dogmes nouveaux. Ainsi, c'est en 451 que Marie accède officiellement au statut prestigieux de « Mère de Dieu » ; en 1513, l'âme devient définitivement immortelle ; et un demi-siècle plus tard, Rome se sent obligée de préciser que la messe est bien le *renouvellement* du sacrifice du Christ, et non pas simplement sa *commémoration* – comme on commence à l'insinuer ici et là…

Réuni pour lutter contre la concurrence protestante, le concile de Trente (5) (1545-1563) se consacre moins à réfuter point par point la Réforme qu'à la vider de sa substance en *se réformant* de l'intérieur. Fini donc le trafic des indulgences et autres trafics d'influence : désormais, c'est promis, l'Église va se recentrer sur ce qui est sa mission essentielle, jusqu'à preuve du contraire : la propagation de la foi catholique.

En 1854, Pie IX proclame solennellement le dogme de l'*Immaculée Conception* ; sans grand succès d'ailleurs, puisque cent cinquante ans plus tard, tout le monde croit encore qu'il s'agit de l'*enfantement virginal* de Jésus (c'est-à-dire que Marie n'a pas couché). En réalité, le *pitch* c'est que la Vierge est *née exempte du péché originel*, ce qui est quand même la moindre des choses quand on veut faire Mère de Dieu.

Sur sa lancée Pie IX, décidément en verve, stigmatise dans *Quanta Cura* (1864) toute forme de rébellion contre le pouvoir suprême de l'Église (gallicanisme, latitudinarisme, indifférentisme, je-m'en-foutisme). Et pour éviter cette fois toute ambiguïté, il accompagne cette encyclique du *Syllabus*, véritable catalogue de La Redoute des erreurs modernes : rationalisme, athéisme, panthéisme, socialisme et libéralisme, entre autres. Le pape Mastai Ferretti (6) résume sa pensée en une formule imagée : « *Le modernisme est l'égout collecteur de toutes les hérésies.* » C'est sans doute ce qui lui vaudra, dans certains milieux, une réputation de réac.

Enfin, c'est lui aussi qui réunit le

(5) Il s'agit ici du nom de la ville qui accueille le concile, et non pas du nombre de ses participants.

(6) Son patronyme dans le civil.

premier concile du Vatican (1869-1870), où sera proclamé le dogme de l'*infaillibilité pontificale*. C'est donc un concile qui autorise le pape à se passer désormais de conciles pour édicter des dogmes nouveaux !

Toutefois, il y a des limites : le souverain pontife n'est réputé « infaillible » que lorsqu'il s'exprime *ex cathedra* (7) pour définir la doctrine de l'Église universelle ; pas en matière d'islamologie ou de prévisions météo…

C'est dans cette brèche que s'engouffre Pie XII lorsqu'il érige en dogme l'*Assomption* de Marie (1950). En vrai, la Vierge n'est pas morte : elle s'est juste assoupie, et durant cette *dormition* elle a été enlevée par un commando d'anges surentraînés qui l'ont conduite droit au Ciel !

Tout cela est bel et bon, mais au XXe siècle l'Église doit faire face à d'autres problèmes plus terre à terre. Elle est confrontée successivement à la concurrence du matérialisme, de l'athéisme, du fascisme, du communisme, puis à celles du freudisme, du bouddhisme, de l'islam et surtout de la télévision.

Dans un premier temps, le Vatican réagit un peu comme s'il détenait encore un pouvoir temporel, en multipliant les condamnations tous azimuts.

Saint Pie X – encore plus facho que Pie IX, et *saint* par-dessus le marché ! – fulmine en latin contre la laïcité (*Vehementer nos*), la démocratie chrétienne (*Lamentabili*) – et même en V.F. contre la démocratie chrétienne.

Les papes se suivent mais ne se ressemblent pas : Pie XI est précisément un de ces démocrates-chrétiens comme son prédécesseur saint Pie X aimait à les excommunier (9). Qu'à cela ne tienne ! Il va taper « à droite », condamnant successivement l'Action française (1926) puis le fascisme italien (1931) et le national-socialisme allemand (1937) – avant de rééquilibrer la même année en fustigeant le « *communisme athée* ».

Nouveau changement de cap avec Jean XXIII : au lieu de condamner à tour de bras, le Vatican va désormais les ouvrir grand (10) !

Pour récupérer des parts de marché métaphysique, l'Église se lance dans un vaste « aggiornamento » : il s'agit littéralement pour elle de *se mettre à jour* en intégrant à la foi catholique les « idées nouvelles » apparues depuis 200 ans : la démocratie, les Droits de l'homme, la tolérance et toute cette sorte de choses.

À l'occasion du concile Vatican II (1962-1965), Jean XXIII lance donc l'*œcuménisme* – plutôt bien accueilli

(7) Du haut de sa cathèdre (8).

(8) Chaise pontificale à haut dossier, imposante mais casse-gueule.

(9) Bayrou au bûcher !

(10) Les bras.

En 1854, Pie IX proclame le dogme de l'Immaculée Conception de Marie, sans même consulter l'intéressée !

par l'intelligentsia de l'époque, et pour cause : il postule que toutes les religions, croyances et spiritualités doivent désormais dialoguer sur un pied d'égalité (11). Ainsi verra-t-on, aux rencontres d'Assise organisées par Jean-Paul II en 1986, des catholiques côtoyer des taoïstes, des adorateurs du Serpent et même des protestants !

Sacrements : les Sept piliers de la Sagesse catho

Le catholicisme propose à ses fidèles toute une gamme de *sacrements*, dont l'objet est d'obtenir ou d'accroître la grâce de Dieu. Les sacrements catholiques sont au nombre de sept ; ils auraient été définis par le Christ en personne à coups de miracles, de symboles et de paraboles.

• Le **baptême** est le premier des sacrements, sans lequel il est impossible d'accéder aux autres (12). Le catéchumène, généralement un enfant, au moins depuis 418 (15), reçoit du prêtre une légère aspersion d'eau bénite et salée, en souvenir de la pratique prévalant aux origines du christianisme, où les adultes étaient baptisés par immersion totale – ce qui pouvait donner lieu à de regrettables accidents.

• La **confirmation** confirme chez l'adolescent le baptême, au cours d'une cérémonie solennelle présidée par l'évêque du diocèse en grande tenue, ce qui impressionne toujours un peu quand on a douze ans.

• Dans l'**Eucharistie**, le fidèle reçoit la *communion* sous la forme d'une hostie, qui durant la *consécration*, est devenue le Corps du Christ : c'est la *transsubstantiation*, dogme commun à tous les chrétiens (sauf évidemment les protestants).

• L'**ordre** ne concerne que les professionnels du catholicisme (diacres, prêtres et évêques) ; le sacrement d'ordination est donc articulé hiérarchiquement en épiscopat, presbytérat et diaconat. Il consiste en l'imposition sur l'impétrant des mains épiscopales, ou archiépiscopales, ou pontificales, ou divines (16), accompagnée d'une prière *ad hoc*.

• Le **mariage** : les théologiens ont longtemps débattu pour savoir si le mariage était consacré dès l'échange des consentements devant M. le curé, où s'il fallait en attendre la consommation effective. Finalement, l'Église a

(11) De fait, si une religion prétend détenir à elle seule la Vérité, tout dialogue avec les fausses religions serait non seulement vain, mais impie !

(12) En gros, c'est comme le bac : ça sert à rien, mais faut l'avoir (13) !

(13) Je plaisante, naturellement ! Je sais bien que, si un enfant meurt avant d'avoir été baptisé, il va se retrouver coincé dans les limbes au lieu d'aller dans l'au-delà (14).

(14) « *Au lieu d'aller dans l'au-delà* » : encore une bien belle allitération, ma foi !

(15) Date du concile de Carthage, pour ceux qui l'auraient oublié.

(16) Rare.

opté pour une formule moyenne : le mariage est validé par la cérémonie religieuse, mais ne devient indissoluble qu'à l'issue du premier rapport sexuel (17).

L'Église a défini douze empêchements « dirimants » à toute union, parmi lesquels nous ne retiendrons que les deux plus importants.

– La *consanguinité* : l'Église se refuse absolument à bénir l'union d'un frère et d'une sœur, de cousins germains, d'un oncle et d'une nièce, ou même d'un père et de sa fille.

– L'*absence de différence de sexe* : l'Église se refuse obstinément à bénir l'union de deux hommes, de deux femmes ou même de deux transsexuels.

Le message du Credo : il n'y a qu'un seul Dieu, et Il est catholique !

• La **pénitence**. La confession individuelle privée ne s'est généralisée que vers le IXe siècle. Dans le christianisme primitif, la confession était publique, ce qui pouvait donner lieu à des situations embarrassantes, même entre chrétiens – notamment en cas de vol, viol, meurtre, génocide, blasphème…

• L'**extrême-onction** boucle généralement le processus amorcé par le baptême, puisqu'il s'agit d'un sacrement réservé aux agonisants. Le prêtre applique une huile spéciale sur le corps du malade. Deux onctions sont prévues, sur le front et les mains, accompagnées d'une formule d'absolution (en français ou en latin, selon la sensibilité du mourant).

Calendrier liturgique : un tourbillon de fêtes et de week-ends

Comme toute religion, le catholicisme a ses fêtes. Ainsi les quatre semaines de l'**Avent** préparent-elles à Noël et ses achats. La fête de **Noël,** instaurée officiellement en 330, célèbre la naissance du petit Jésus. Le sapin n'apparaîtra qu'au XVIe siècle, et le Père Noël au XXe.

L'**Épiphanie** – en grec, « apparition » – a été imposée à partir de l'an 325 par certaines églises orientales en mal de publicité ; cette fête rappelle la visite de courtoisie des rois mages au berceau de l'Enfant Jésus, c'est-à-dire sa première reconnaissance diplomatique par le monde païen.

Le **Carême** est censé préparer le chrétien à la fête de Pâques, notamment par le biais du jeûne ; mais celui-ci n'est plus guère pratiqué que par les *top models*, les anorexiques et certains intégristes.

La **Semaine sainte** correspond au zénith de la carrière du Christ. On retiendra notamment le Jeudi saint (18), célébrant la « Dernière Cène » (sorte de banquet d'adieux

(17) Ou pendant.

(18) Qui tombait en fait un mardi cette année-là, on l'a vu.

offert par Jésus à ses apôtres), et le Vendredi saint, journée commémorative de la crucifixion de Jésus et de sa mort rédemptrice autant que prématurée.

Pâques fête la résurrection du Christ. Le Temps pascal s'ordonne bien sûr autour du dimanche de Pâques qui tombe, selon l'année et l'humeur du Vatican, entre le 22 mars et le 25 avril. De nos jours, en dépit des efforts de l'Église et des bénédictions télévisées en 152 langues, cette fête est essentiellement connue du grand public par ses week-ends et ses œufs en chocolat.

L'**Ascension**, fin mai, rappelle la montée définitive du Christ au Ciel, 40 jours après Pâques. Elle tombe toujours un jeudi, transmuant un jour ouvrable en jour férié ; ce miracle n'a pas peu contribué à maintenir la popularité de cette fête dans une France par ailleurs assez déchristianisée.

La **Pentecôte** célèbre la descente surprise du Saint-Esprit sur la tête des apôtres ; le fait qu'elle ait lieu un dimanche a sans doute nui à son rayonnement auprès des salariés (19).

La **Fête-Dieu**, quant à elle, n'est pratiquement plus célébrée, sauf par quelques traditionalistes ; tombant elle aussi un dimanche de juin, elle subit désormais, au moins une fois tous les quatre ans, la concurrence de la Fête des Pères.

L'**Assomption** commémore la montée au Ciel du corps glorieux de la Vierge Marie. Elle aussi a pâti de sa laïcisation récente en « week-end du 15 août », qui voit surtout processionner des dizaines de milliers d'automobilistes.

La **Toussaint**, ou fête de Tous les Saints, est régulièrement confondue avec la fête des Morts, qu'elle précède d'un jour. Quoi qu'il en soit, et c'est l'essentiel pour nos contemporains assoiffés de spiritualité, elle est fériée !

O when the Saints…

Héritier géoculturel du paganisme, le catholicisme a développé le culte d'une pléiade de saints, en remplacement des innombrables divinités secondaires et tertiaires du monde romain. Ces saints, dont la plupart ont vraiment existé, furent pour certains des martyrs de la foi chrétienne ; ils sont souvent représentés avec l'instrument, parfois pittoresque, de leur supplice – tel saint Laurent posant fièrement avec le gril sur lequel il a été brûlé.

Le culte des saints, dénoncé dès le XVIe siècle par les protestants comme une survivance de l'idolâtrie, est aujourd'hui tombé en désuétude – même s'il se survit plus ou moins à travers celui des grands footballeurs.

(19) Un peu comme l'idée de supprimer le lundi de Pentecôte en tant que jour férié a pu entamer la popularité d'un Raffarin.

CHAPITRE XV

Hérésies

Des chrétiens pas très catholiques

Opportet hereses esse.
Saint Augustin

À l'instar des plus grands courants philosophiques et culturels – marxisme, chiraquisme, R'n'B –, le catholicisme romain a su très tôt susciter un riche éventail de dissidences.

Parmi les plus intéressantes, citons le **gnosticisme**, qui refuse non seulement le Dieu de l'Ancien Testament, mais aussi l'incarnation du Christ. Pour les amateurs, on peut mentionner aussi l'**ébionisme**, qui nie carrément la divinité de Jésus, et le **pneumatomacisme**, qui émet seulement des réserves sur la sainteté du Saint-Esprit.

Au IIIe siècle l'**encratitisme**, au nom d'une conception exigeante de l'abstinence, condamne le principe même du mariage – avant d'éclater au siècle suivant, sans doute sous l'influence de la frustration sexuelle.

Le **monophysisme**, comme son nom le suggère, affirme au Ve siècle que la nature divine de Jésus a complètement absorbé sa nature humaine. Bref, il est né pour pas grand-chose et mort pour rien.

L'**artorytisme**, moins ambitieux, se contente de recommander à ses fidèles la communion à base de pain et de fromage.

Au VIIIe siècle, l'**iconoclasme** exige l'interdiction de toutes les représentations et images de Jésus – illustrant ainsi, si l'on peut dire, une approche musulmane du christianisme (1).

L'Église catholique ne tarde pas à répondre par le feu et le dialogue à ces errements divers ; en revanche, elle aura plus de fil à retordre avec certaines hérésies haut-de-gamme.

Ainsi de l'**arianisme**, inventé au début du IVe siècle par un certain Arius ; sa thèse essentielle, c'est que le

(1) On sourit à l'idée que le mot « iconoclaste » est aujourd'hui employé couramment dans une acception progressiste, alors que les iconoclastes authentiques étaient une fieffée bande d'intégristes byzantins !

Christ n'est pas de nature divine. Elle connaîtra assez de succès en Occident pour être condamnée successivement par deux conciles (en 325 puis 381), avant de devenir, dix-sept siècles plus tard, la croyance majoritaire chez les chrétiens pratiquants (2).

Le **nestorianisme** se veut plus subtil. Pour Nestorius, Jésus est un homme comme les autres, à un détail près : « *Le Verbe divin réside en lui comme dans l'enceinte d'un Temple.* »

Sur le moment, les conséquences de cette thèse paraissent importantes : ainsi, Marie est bien la mère de Jésus, mais en aucun cas celle du Fils de Dieu ! Replaçons-nous un instant dans le contexte : face à cette offense faite à Marie, le concile d'Éphèse (431) se voit dans l'obligation de confirmer officiellement son statut de mère de Dieu.

Malgré cette condamnation, le nestorianisme a continué de vivoter jusqu'à nos jours, surtout en Irak ; il faudra la signature, le 10 novembre 1994, d'un accord entre Jean-Paul II et le patriarche assyro-irakien Mar Dinkha IV pour apaiser définitivement les tensions. Mais les résultats sont là : dans l'Irak troublé d'aujourd'hui, on ne compte aucun groupe terroriste d'inspiration nestorienne.

Pour les jésuites, le jansénisme est une théologie de l'aberration

Au Moyen Âge, ce sont les **cathares** qui peuvent se vanter d'avoir le plus pourri la vie des bons chrétiens, concurremment peut-être avec les musulmans. Tout commence au XIIe siècle dans l'univers raffiné du pays d'Oc (3). En 1167, un premier concile cathare se réunit en Haute-Garonne, et bientôt tout le Midi s'organise en diocèses « albigeois ». La doctrine cathare nie en bloc la hiérarchie catholique, les sacrements et la résurrection (des morts). Côté positif elle encourage le suicide, qui libère l'âme du Mal, et les pratiques sexuelles débridées, qui libèrent le corps du mâle.

Face à ce fourre-tout d'hérésies, de schismes, d'apostasies et de scandales, la réponse de Rome sera à la hauteur. Le 22 juillet 1209 est donné le coup d'envoi officiel de la **Croisade des Albigeois**, menée par la papauté, le roi de France et les seigneurs du Nord contre les féodaux de Midi-Pyrénées et leurs affidés. Un des temps forts de cette croisade sera le sac de Béziers, logiquement accompagné du massacre de quelque 20 000 hérétiques et assimilés.

Le siège de Montségur, qui se termine par la mise au bûcher symbolique de 250 jusqu'au-boutistes albigeois, marque la fin de l'aventure

(2) Y compris Ardisson.

(3) Qui correspond *grosso modo* à notre actuelle région Midi-Pyrénées.

cathare. Celle-ci continuera néanmoins de faire rêver, jusqu'à nos jours, les amateurs d'ésotérisme et les offices de tourisme régionaux.

Plus près de nous, le **jansénisme** demeure l'hérésie chrétienne la plus classieuse, tant par son niveau d'exigence spirituelle que par la qualité de ses sectateurs. L'acte fondateur de cette école est la parution, en 1640, de l'*Augustinus*, pamphlet prédestinationniste dû à l'évêque d'Ypres Jansénius. À l'en croire, on ne peut être un bon chrétien que si Dieu en a décidé ainsi en vous accordant personnellement la *grâce*. Du coup, la communion dans l'Eucharistie se trouve réservée à une poignée d'heureux élus ; quant aux autres, eh bien ma foi ils sont mal pris.

À cet élitisme spirituel correspond un élitisme social, la doctrine recrutant essentiellement dans la bonne société du XVIIe siècle. L'adhésion de penseurs réputés tels que Pascal crédibilise encore le mouvement, un peu comme Heidegger avec le national-socialisme.

Mais le jansénisme va s'effondrer sous les coups successifs des jésuites, qui lui opposent avec succès la casuistique, puis du Vatican, qui fulmine moult bulles et encycliques *ad hoc*, et enfin de Louis XIV, qui y voit l'occasion d'expliquer une bonne fois pour toutes aux féodaux rebelles le concept novateur de *monarchie absolue de droit divin*.

Les hérétiques : à consumer sans modération.

CHAPITRE XVI

Islam

Mahomet, prophète en cent pays

Je cherche un refuge auprès du Seigneur
contre le mal issu de ce qu'Il a créé.
Coran, sourate CXIII

Troisième religion du Livre, l'islam arrive deuxième au *Guinness Book* avec plus d'un milliard d'adeptes, soit 20 % de la population planétaire – contre 28 % de chrétiens, 15 % d'hindouistes et des poussières.

Puisqu'on parle chiffres, permettez-moi d'en ajouter deux qui donnent à penser : seuls 20 % des musulmans dans le monde sont arabes ; et plus de la moitié des musulmans vivent dans des pays même pas arabes (Indonésie, Pakistan, Bangladesh, Inde). Autrement dit, islamophobie et arabophobie sont deux opinions complémentaires, et non pas identiques.

Tout commence en Arabie Saoudite, à La Mecque pour vous situer. C'est là que naît, vers 570, le prophète **Mohammad**, issu de la puissante tribu des Quraychites.

Pauvre et orphelin, Mahomet grandit néanmoins dans la maison de son oncle, le débonnaire Abou Talib. À 25 ans, il épouse Khadidja, une riche veuve de quinze ans son aînée mais-qu'il-aime-quand-même.

Soudain, à l'âge de trente ans, il décide de se retirer dans une grotte du mont Hira pour y méditer sur la vanité de tout – y compris de la méditation. Mais voilà qu'une nuit, l'ange Djibril lui apparaît dans sa grotte, et lui dit ces simples mots : « Iqra'! » (*Lis !*). Mohammad a beau s'excuser : « *C'est que*… (silence gêné) *je ne sais pas lire !* » Deux fois de suite, Djibril revient à la charge : « *Lis, au nom de ton Seigneur !* » Dans ces conditions, comment refuser ?

Ainsi commence la révélation du **Coran** au Prophète, qui s'étalera sur vingt-trois ans (soit un rythme moyen

Quatorze siècles après l'Hégire,
le Prophète souffre toujours d'un problème d'image.

de 5,5 sourates/an). Elle vient compléter les révélations juive et chrétienne en leur donnant leur sens véritable – jusqu'alors caché aux hommes pour des raisons difficiles à expliquer en quelques lignes, surtout à des infidèles.

Aussitôt après sa rencontre avec l'ange Djibril, Mohammad commence à enseigner le Coran ; très vite aussi, il est rejeté par presque toute sa tribu, qui veut l'assassiner.

Musulman mais pas fou, il s'enfuit aussitôt en direction de Médine (622), et cette migration est l'acte fondateur de l'islam (1) : l'Hégire (*hijra*). Selon le calendrier musulman, nous sommes donc aujourd'hui en 1385, ce qui explique certains malentendus.

Durant son exil, Mohammad s'allie à d'autres tribus et mène une guerre de huit ans contre la sienne (les Quraychites), conquérant en 630

(1) Un peu comme la fuite à Varennes pour la République française.

La Mecque pour la convertir aussitôt au culte d'Allah, le Très Miséricordieux. L'islam a sa capitale !

La religion musulmane, qui d'après moi appelle à la perfection bien plus qu'à la « soumission », repose sur cinq piliers : la profession de foi (*shahadah*) ; la prière (*salât*) (2) ; l'aumône légale (*zakat*), impôt redistribué aux pauvres ; le jeûne (*sawm*), pendant le mois lunaire du Ramadan ; et bien sûr le pèlerinage à La Mecque (*hadj*), au moins une fois dans ta vie.

L'islam concerne environ un milliard de pèlerins

La foi musulmane, qui doit obligatoirement être volontaire, peut se résumer à trois croyances fondamentales :

– l'*unicité de Dieu* : on n'adore qu'Allah, dont la révélation rend toutes les autres divinités un peu obsolètes ;

– la *croyance aux Prophètes* : Noé (*Nouh*), Abraham (*Ibrahim al-khalil*, « l'ami privilégié de Dieu »), Moïse (*Mûsâ*), Jésus (*`Isâ*) et surtout Mohammad, le « sceau des Prophètes », qui rend tous les autres un peu obsolètes ;

– la *valeur sacrée des Livres révélés* : la Torah (*Tawrat*), les Psaumes (*Zabur*), l'Évangile (*Indjil*) et surtout le Coran (*Qur'ân*), qui rend tous les autres un peu obsolètes.

Entre 632 et 661 s'étend la période des quatre califes, c'est-à-dire « successeurs » autoproclamés de Mohammad. Ils détiennent la totalité des pouvoirs spirituel et temporel – non sans une certaine légitimité quand même, puisqu'ils sont « *rachidun* » (bien guidés).

Le premier d'entre eux, **Abou Bakr**, exerce son califat pendant deux ans seulement. Il trouvera quand même le temps de conquérir une partie de l'Irak, de vaincre les Perses et d'exploser les Byzantins de Syrie – le tout sur des bases théologiques.

Dans le même esprit apologétique, son successeur **Omar** envahit la Perse et l'Égypte, tout en parachevant la soumission de l'Irak.

Le troisième calife, **Othman**, crée une flotte de guerre et poursuit la conquête jusqu'en Tunisie – avant d'être abattu par les partisans d'Ali sur des bases théologiques.

Le quatrième calife, **Ali** précisément, est confronté à la révolte de Mouâwiya, gouverneur de Damas, qui veut lui aussi être calife à la place de son prédécesseur. À l'issue d'une guerre brève mais intense, Mouâwiya décroche le poste ; peu après, Ali sera assassiné sur des bases théologiques.

Cette période voit aussi l'émergence de nombreux États et califats indépendants. À partir du XIe siècle, les Turcs vont même prendre le relais en

(2) Cinq fois par jour, sinon rien.

matière d'expansion musulmane, jusqu'au joli coup de la prise de Constantinople en 1453.

Le Coran avait été transcrit au jour le jour par les compagnons de Mohammad. C'est le deuxième calife, Omar, qui décide de colliger les textes. La version définitive, ainsi que l'ordre des sourates sont dus au troisième calife, Othman ; une version contestée par Ali, dont le rôle y serait outrageusement minoré aux dires des chiites.

Quoi qu'il en soit, depuis Othman, la foi musulmane enseigne qu'il est impossible de changer un seul mot à ce texte ; cela dit, on en trouve des milliers d'interprétations variées – d'Averroès à Ribéry en passant par Ben Laden, pour ne citer que les plus célèbres.

Le Coran comporte 114 chapitres, communément appelés *sourates*, classées par ordre de longueur décroissante de manière non chronologique. Il ne saurait être utilement lu qu'en arabe, langue sacrée de l'islam puisque c'est celle de Dieu.

À l'instar du christianisme, l'islam se répartit
~~se divise~~ en trois grands courants :

– Les **sunnites**. On appelle ainsi les musulmans fidèles à la *sunna* (tradition) rassemblée dans les *hadiths* (commentaires), qui guident le fidèle dans la lecture du *Qur'ân* (Coran). Les sunnites représentent 90 % des musulmans du monde, sans doute parce qu'ils sont les plus consensuels : ils reconnaissent en bloc les quatre premiers califes, sans distinction d'assassinats théologiques.

– Les **chiites** (littéralement, « partisans » d'Ali, le cousin malchanceux de Mohammad). Ils ne reconnaissent pas Othman, le troisième calife et rédacteur en chef du Coran officiel ; en revanche, ils reconnaissent l'autorité de l'imam, intermédiaire infaillible entre Dieu et les hommes.

Les chiites réclament que la succession soit confiée aux parents directs de Mohammad ; ils représentent donc les intérêts de la famille du Prophète, et environ 10 % de ses fidèles.

La lignée des descendants de Mohammad s'éteint au IXe siècle, à la mort du douzième imam. Sauf pour les chiites, qui estiment que ce douzième imam n'est pas réellement mort (3) : il est le *Mahdi*, « l'imam caché », celui qui reviendra à la fin des temps (4).

– Les **kharijites**, c'est-à-dire « ceux qui sortent », ne sont pas pour autant des adeptes du night-clubbing ; ce sont au contraire les plus sourcilleux en matière de dogme, et notamment de califes, au point d'assassiner systématiquement ceux qui leur paraissent coraniquement incorrects.

(3) Comme Louis XVII au Temple.
(4) Comme Jésus dans l'Évangile.

Très nombreux jadis, les kharijites représentent aujourd'hui moins de 0,5 % des musulmans. Est-ce l'interdiction du tabac, du jeu, de la musique, de l'homosexualité, de la drogue ou de l'échangisme ? Toujours est-il qu'on ne trouve plus guère de kharijites aujourd'hui que dans le sultanat d'Oman et sur l'île de Zanzibar (5).

(5) Malgré leur nom, les kharijites de Zanzibar ne sont pas des plaisantins ! À preuve, l'interdiction par les autorités locales, fin 2006, d'une cérémonie à la mémoire de Freddie Mercury, pourtant natif de l'île (6).

(6) Il faut dire aussi que le chanteur des Queen tombait, à lui seul, sous le coup des six interdits précités !

CHAPITRE XVII

Orthodoxie

Les antipapistes ont leur soupape

Mieux vaut le turban du sultan
que la tiare du pape.
Lucas Notaras

En l'an 330, l'empereur Constantin décide de se replier à Constantinople (1), incapable qu'il est d'accepter la différence barbare aux portes de Rome.

Des disparités culturelles se font jour au sein de la chrétienté, qui peu à peu se transforment en désaccords religieux. Tant et si bien qu'en 395, l'Empire romain éclate ; désormais, mais pas pour longtemps, il faudra distinguer entre Empire d'Occident (suicidé en 476) et entre Empire d'Orient (qui s'effondre en 1453 face à une équipe turque à son top).

Au ve siècle, Rome cède à ses penchants nationalistes en proclamant le latin *langue liturgique*. L'Église d'Orient, refusant cet accès de modernisme inconsidéré, conserve la liturgie grecque. Elle s'autoproclame « Église orthodoxe », c'est-à-dire dépositaire du dogme chrétien authentique, ce qui a le don d'irriter prodigieusement les catholiques.

Ces derniers restent groupés au sein d'une Église catholique maintenue, qui sera appelée désormais par les connaisseurs *Église hétérodoxe,* ou *campulodoxe* (2).

Il faudra cependant attendre 1054 pour que le divorce des Églises d'Orient et d'Occident soit officialisé. Le schisme fait suite à l'excommunication controversée du patriarche de Constantinople par le légat du pape.

(1) Un nom prédestiné !

(2) Du grec *kampulos*, « courbé, tordu », par opposition à *orthos*, « droit » (3).

(3) Ex. : il y a des *orthopédistes*, mais pas de *campulopédistes*.

Pendant plus d'un siècle, la communauté byzantine est déchirée par la fameuse querelle des Verts et des Bleus (4). Ils tomberont néanmoins d'accord pour condamner la mise à sac de Constantinople par les armées de la quatrième Croisade.

Deux siècles plus tard, alors que l'existence même de l'Empire d'Orient est menacée par les Turcs, une tentative de conciliation des deux Églises est esquissée au concile de Ferrare (1438). Elle avorte hélas rapidement, et le fossé continue de se creuser. Lors de la prise de Constantinople par les Turcs en 1453, les orthodoxes refusent l'aide de la coalition catholique – qui d'ailleurs avait pris soin de partir trop tard pour arriver à temps.

Jusqu'à l'invasion turque, pour les orthodoxes Constantinople c'était Byzance !

L'orthodoxie ne relèvera vraiment la tête face à l'« *arrogance de Rome* » qu'en 1589, date de la création du patriarcat de Moscou, la « troisième Rome ».

Suite à cette décision, qui pourrait paraître banale aux yeux d'un athée, les amitiés catholico-orthodoxes vont connaître un léger froid pendant cinq siècles, jusqu'à la rencontre historique entre le patriarche Athénagoras et le pape Paul VI en 1964 – qui d'ailleurs ne donnera rien.

C'est que, du point de vue de la foi, tout sépare catholiques et orthodoxes – hormis bien sûr le corpus doctrinal élaboré de conserve durant 800 ans.

Les désaccords sont incompréhensibles et violents comme des films de Tarantino. On citera bien sûr la fameuse querelle du *filioque* (5). Dans l'esquisse de modernisation du *Credo* proposée par Charlemagne, il est affirmé que la personne de l'Esprit Saint procède du Père, bon certes, mais *aussi du Fils*. Les orthodoxes jugent cet ajout inacceptable. C'est leur droit d'hérétiques.

Dans la foulée, ils refusent aussi la soumission hiérarchique au pape, lui préférant la décentralisation et l'autogestion. Chaque patriarcat est dirigé par un patriarche autonome, dit « autocéphale » (6).

La discorde en matière de rites se mesure au fait que catholiques et orthodoxes n'ont en commun que sept sacrements ! Mais d'autres fêlures vont venir consolider ce mur d'incompréhension mutuelle…

– Les orthodoxes communient avec

(4) En désaccord sur des trucs essentiels, que l'Histoire n'a hélas pas retenus.

(5) *Filioque* signifie en latin « et du Fils », un peu comme dans « *Tu quoque, mi fili !* ».

(6) En grec : « *Qui n'en fait qu'à sa tête.* »

du pain Poilâne, tandis que les catholiques continuent d'en tenir pour le pain azyme ;

– Les orthodoxes communient « sous les deux espèces », c'est-à-dire aussi en buvant le « sang du Christ » (7) ;

– Le baptême orthodoxe consiste en une triple immersion, quand les catholiques se contentent d'un seul plongeon ;

– Le sacrement de confirmation a lieu juste après le baptême et autorise aussitôt la première communion (sans gâteau ni cadeaux) ;

– Des hommes mariés peuvent devenir prêtres sans être obligés d'abattre leur épouse, ni même de la cacher ;

– Enfin, question femmes, l'avantage décisif de la religion orthodoxe, c'est qu'on peut en changer sans pour autant devenir anglican.

Le plus haut lieu sacré de l'orthodoxie est le mont Athos, presqu'île de la mer Égée constituée depuis 1920 en république théocratique autonome (8). La règle des vingt monastères du Mont, dont le plus célèbre est la Grande Laure, est demeurée intacte depuis 1046. Elle préconise notamment l'interdiction de l'orge, du blé et des femmes.

Les deux grands foyers de l'orthodoxie sont la Grèce et la Russie. On dénombre aujourd'hui quelque 200 millions d'orthodoxes dans le monde (dont 30 000 en Ouganda, et même 1 en France) (9).

(7) Vin.

(8) Sur le modèle de l'Iran, la bombe en moins.

(9) Notre préfacier Jean-François Colosimo, titulaire de la chaire de Schismologie appliquée à l'Institut Saint-Serge (75019 Paris).

CHAPITRE XVIII

Protestantisme

Chacun sa Bible !

La religion des protestants ne leur interdit pas de commettre tous les péchés possibles ; elle les empêche seulement d'y prendre aucun plaisir.
Christopher Morley

Le lancement officiel du protestantisme date du 31 octobre 1517. Ce jour-là un moine catholique allemand, le R.P. **Martin Luther**, placarde contre la porte de l'église de Wittenberg (Saxe) une liste de « 95 thèses » tout entière dirigée contre l'Église de Rome et ses turpitudes.

Lors d'un voyage dans la Ville éternelle, le jeune moine, alors pieux et modeste, a été choqué par l'art de vivre raffiné des prélats romains, qui concilient sans états d'âme dignité ecclésiastique et hédonisme pré-onfrayrien. Mais ce n'est pas tout : Luther est également colère contre le trafic des indulgences et des reliques bidon *made in Italy*.

Le système des indulgences ouvre à chaque chrétien la possibilité de racheter ses péchés, contre des sommes d'argent définies par barème et perçues par l'Église. Cette pratique hérisse d'autant plus Luther que, selon lui, le salut ne peut venir que de la grâce divine, qui elle-même ne s'obtient que par la pratique d'une foi authentique, fondée sur l'étude quotidienne des Écritures et l'évitement des papistes. Du point de vue catholique, cette démarche présente le double inconvénient de conduire à l'hérésie et de ne générer aucun revenu pour le Vatican.

Au moment où il rédige son manifeste, Luther ne souhaite pas quitter l'Église catholique, mais seulement susciter un débat et, qui sait, imposer une réforme. Mais sa hiérarchie, méfiante, fait la sourde oreille. Vexé, le moine accentue ses critiques, qui connaissent un écho grandissant grâce à ~~à cause de~~ l'invention de l'imprimerie.

Dès lors, on court à la crise : en

1520, le pape Léon X lance à Luther une bulle personnalisée l'invitant à s'excuser. Faute d'avoir obtempéré, il est excommunié l'année suivante et comparaît devant la diète du Saint-Empire, qui ne badine pas avec les indulgences.

Pour vous donner une idée du climat, Luther devra même un temps se cacher. Heureusement la politique s'en mêle, et le contestataire reçoit l'appui de puissants seigneurs allemands qui, à défaut d'adhérer intégralement à ses 95 thèses, instrumentalisent la critique luthérienne pour déstabiliser le pouvoir en place (1).

Pour les protestants, tout ce que dit la Bible est parole d'Évangile

Entre-temps, Martin Luther et ses disciples ont élaboré une nouvelle foi chrétienne, officiellement lancée en 1530 sous le nom de *Confession d'Augsbourg*. Parallèlement, l'ex-moine au chômage a mis à profit ses loisirs forcés pour traduire la Bible en allemand. En 1525, il épouse Katarina, qui lui donnera six enfants protestants.

Pendant la quinzaine d'années qui lui reste, Luther se consacre à l'organisation de sa contre-Église et à la lutte contre ses propres hérétiques – au premier rang desquels Zwingli et son camarade Œcolampade, qui se sont mis dans la tête de réformer la Réforme !

L'autre père fondateur du protestantisme est le Français **Jean Calvin** (1509-1564). Au cours de ses études il découvre les idées luthériennes, qu'il va accommoder à sa façon. En 1536, Calvin publie *L'Institution de la religion chrétienne*, où il développe une éthique fondée sur la prédestination, le prêt à intérêts et l'idéal démocratique. Il y joint même une *Épître au Roi* (François Ier), qu'il croit pouvoir convertir à ses thèses, l'inconscient.

Le roi ayant haussé les épaules, Calvin s'installe à Genève, où il crée la première Église réformée, avec catéchisme incorporé. Le gouvernement de Genève l'expulse aussitôt, et le voilà à Strasbourg, alors terre impériale germanique, où il regroupe les premiers protestants français délocalisés.

Sa réputation de penseur revient jusqu'à Genève, qui le rappelle en 1541. Il ne quittera plus cette ville, dont il va devenir l'*ayatollah* (2). Il transforme Genève en république protestante idéale et, il faut bien le dire, assez pénible à vivre, avec son dense quadrillage de docteurs en théologie, de pasteurs et d'inquisiteurs.

Calviniste intransigeant, Calvin

(1) Un peu comme Jacques Chirac en 1988 avec le « *socialo-communisme* », en 1995 avec la « *fracture sociale* », ou en 2002 avec le « *danger fasciste* ».

(2) Guide religieux suprême.

ne plaisante pas avec le dogme : il envoie au bûcher tous ceux qui se permettent de critiquer ses thèses. Ainsi du théologien protestant Michel Servet, qui aurait dû réfléchir un peu avant de demander l'asile politique à Genève.

Le *plus* de Calvin par rapport à Luther, c'est indéniablement le concept de *prédestination* ; celle-ci, née du bon plaisir de Dieu, oriente les hommes dès leur naissance vers le salut ou la damnation. Dès lors, comment lutter ?

On lui doit aussi une approche austère, voire carrément sinistre, de la vie du chrétien qui fait de Luther, par comparaison, un authentique boute-en-train.

Le protestantisme, qu'il soit luthérien ou calviniste, est d'abord un refus : celui de la hiérarchie catholique, dénoncée comme tyrannique, corrompue, hérétique et accessoirement obstacle entre Dieu et le chrétien.

La nouvelle Église s'appuie néanmoins sur des sortes de prêtres, les *pasteurs*, mais ce sont des laïcs qui peuvent prendre femme. Ils ont suivi une sorte de formation qui leur permet de célébrer le *culte* (sorte de messe sans enfants de chœur ni *Transsubstantiation*) dans un *temple* (sorte d'église sans ornements ni *Présence réelle*).

Très sélectifs en termes de dévotion, les protestants refusent tout culte à la Vierge et aux saints ; par exemple, quand un protestant perd ses clefs, il s'adresse aux « Objets trouvés » plutôt qu'à saint Antoine.

Bref, on peut définir le protestantisme comme un christianisme démocratisé, et globalement moins décoratif que le catholicisme.

Cette foi nouvelle connaît un développement rapide dans l'Europe du XVIe siècle : il y a bien sûr la force du message, les tares de l'Église romaine et tout ce qu'on voudra, mais surtout – c'est l'effet Renaissance – le goût de la nouveauté.

La politique aussi joue un rôle dans l'essor du protestantisme. Certains monarques et féodaux embrassent la Réforme comme les chats font pipi : pour marquer leur territoire.

Le cas le plus pittoresque de ralliement au protestantisme est celui du roi Henry VIII d'Angleterre, qui rompt avec Rome pour une simple histoire de divorce. Il lui aurait pourtant suffi de se convertir à l'orthodoxie ! Mais non… Sous le coup de la colère, Henry décide d'inventer sa propre Église, dite « anglicane » (sorte de culte protestant dans un décorum catholique, avec comme pape le roi d'Angleterre).

En quelques dizaines d'années, le protestantisme sous toutes ses formes s'implante en Grande-Bretagne, en Scandinavie, en Prusse, en Suisse et même en France, pourtant anciennement « *fille aînée de l'Église* ».

Assez vite, la coexistence catholico-protestante dégénère. En France pré-

Contre Martin, on peut pas Luther !

cisément, entre 1562 et 1589, pas moins de huit guerres de religion ravagent le pays. On retiendra notamment le fameux massacre de la Saint-Barthélemy (24/08/72), avec ses 9 à 10 000 victimes (3).

Il faudra l'avènement sur le trône d'Henri IV – roi protestant aussitôt converti au catholicisme – pour mettre fin aux guerres de religion. La proclamation de l'édit de Nantes pose les bases d'une cohabitation pacifique des deux religions, sur la base du concept de « tolérance » (4).

Les protestants français auront encore quelques ennuis avec le cardinal de Richelieu (5) et surtout avec Louis XIV qui, en 1685, révoque l'édit de

(3) 10 000 selon les protestants, 9 d'après la police.

(4) Surtout utile quand on n'a pas les moyens d'écraser l'autre.

(5) Cf. l'épisode du siège de La Rochelle, in *Les Trois Mousquetaires* d'A. Dumas.

Nantes par souci d'unité du royaume et sur la base de bons sondages.

Mais ce n'est rien comparé à la situation dans le monde germanique. La guerre de Trente Ans (1618-1648) oppose l'empereur catholique et ses amis à certains princes allemands protestants et à leurs alliés danois et suédois. Elle va mettre l'Europe centrale à feu et à sang, engloutissant le tiers de la population germanophone de l'époque (6).

Cependant l'Histoire avance et, au cours des XVIIIe et XIXe siècles, les progrès de l'incroyance, du capitalisme et du socialisme désamorcent peu à peu les tensions religieuses. Désormais banalisé, le protestantisme français somnole au sein de la Fédération protestante de France. Il rassemblerait environ 1,5 million de fidèles – parmi lesquels se détachent les figures de Pierre Joxe, Michel Rocard, Catherine Trautmann et Lionel Jospin. Cette simple liste suffit à montrer que les protestants français de la fin du siècle passé penchaient plutôt à gauche – contrairement, par exemple, à leurs coreligionnaires texans ou afrikaaners.

(6) À quand un *Thema* sur Arte ?

CHAPITRE XIX

Protestantisme américain

Il était une foi dans l'Ouest

Ce fut admirable de découvrir l'Amérique, mais ç'aurait été mieux de passer à côté.
Mark Twain

On l'aura compris : le protestantisme est une religion autogérée, où le fidèle est son propre prêtre (1). Sur la base d'une lecture personnelle des Écritures, chacun fait ce qui lui plaît.

Les premiers Européens arrivés en Amérique du Nord sont des réfugiés anglais, souvent puritains, fuyant un pays qu'ils jugent tyrannique, corrompu et perfide comme une Albion.

Un beau jour de 1620, une centaine d'entre eux débarquent sur les côtes du Massachusetts à bord du *Mayflower*. Ces hommes, entièrement vêtus de noir bien avant Azzedine Alaïa (2), vont faire du protestantisme le fondement spirituel des États-Unis, en opposant à l'incurie mystique le travail, l'austérité et l'argent.

Au nom du *libre examen* (3), les protestants américains s'éclatent assez vite en une myriade d'Églises concurrentes, toutes « *évangéliques* » et conciliant les techniques de communication les plus modernes avec une culture résolument rétrograde.

On n'évoquera ici que les plus significatives de ces quelque huit cent cinquante Églises, par ordre décroissant d'importance sinon de fantaisie.

La **Convention baptiste du Sud**. Comme son nom le suggère, ce mouvement se caractérise par l'importance qu'il accorde au sacrement du baptême. Pour lui, l'union baptismale

(1) Voire son propre pape, selon Bossuet.

(2) Et même Thierry Ardisson.

(3) Qui remplace le *libre arbitre*, supprimé par Calvin.

entre le Créateur et sa créature est tellement mystique et irrationnelle qu'elle ne saurait être proposée à des gens qui n'ont pas atteint l'âge de raison.

La Convention baptiste du Sud est le premier mouvement protestant américain, avec près de 16 millions de fidèles, auxquels s'ajoutent les 8 millions de membres revendiqués par sa rivale, la *Convention baptiste nationale*.

Enfin, des Églises comme la *Convention baptiste nationale de progrès*, l'*Église nationale missionnaire baptiste* (2,5 millions de sectateurs à elles deux) et l'*Église américaine baptiste* (1,5 million) complètent la grande famille baptiste.

Deux grandes figures de la société médiatico-religieuse américaine, Martin Luther King et Billy Graham, appartiennent à cette communauté, comme aussi les présidents Truman, Carter et Clinton (ce qui relativise un peu).

Il serait injuste et dévendeur de clore le dossier « baptistes » sans mentionner nos excellents **amish**, branche burlesque du baptisme. Les membres de cette secte (hommes, femmes, enfants, etc.) se distinguent au premier coup d'œil par leurs grandes barbes, leurs chapeaux amidonnés et leurs costumes sortis tout droit d'un placard puritain du XVIIIe siècle.

Le reste est à l'avenant, les amish n'utilisant l'électricité que sous certaines conditions, et préférant la voiture hippomobile à l'automobile – dont les chevaux fictifs sont une insulte à la divine Création. C'est sans doute ce haut niveau d'exigence morale qui explique le nombre restreint des amish (parmi lesquels on compte néanmoins le maillot jaune drogué du Tour 2006).

On peut légitimement rapprocher les baptistes des **Pentecôtistes**, Église créée en 1906 par des baptistes dissidents. Comme leurs ex-amis, ils ne jurent que par la Bible et le baptême tardif; en revanche, ce qui les sépare est nettement plus flou.

Une différence de taille, néanmoins : contrairement aux autres sectes d'origine U.S., le pentecôtisme cartonne moins aux États-Unis (4 millions d'adeptes) qu'en Europe (4,2 millions) et dans le reste du monde (391 millions).

L'**Église méthodiste unifiée**. Née des prédications enflammées des frères Wesley, cette hérésie nie la *prédestination* chère à Calvin, puis aux jansénistes, et affirme tout de go que c'est sur terre qu'on gagne sa part de Paradis ! Autant dire que l'homme est libre…

L'Église méthodiste a quand même convaincu pas moins de 8,5 millions de fidèles, auxquels il convient d'ajouter les 4 millions de fidèles de l'*Église méthodiste épiscopale africaine*, essentiellement composée de blacksd'origine noire.

Les Églises réformées des USA : un spectre impressionnant,
allant de Martin Luther King (ci-dessus) au Ku Klux Klan (plus à droite).

À ce propos, on a trop souvent tendance à réduire le milieu protestant US aux WASP (Blancs conservateurs). En vrai, les Noirs gospélisants et dignes qu'on peut voir après 23 h sur Arte sont eux aussi en général de fieffés réactionnaires, hostiles au mariage gay et même à la drogue.

L'**Église adventiste du 7e Jour**. En 1831 un baptiste américain, William Miller, annonce le « 7e jour », c'est-à-dire le retour du Christ, pour le 22 octobre 1844. Dès le jour suivant, forcément, son mouvement éclate en plusieurs tendances. Ce n'est qu'en 1863 que se constituera l'Église adventiste du 7e jour. Comme la plupart des groupes issus du protestantisme, les adventistes pratiquent le baptême par immersion, la lecture quotidienne de la Bible et le culte du sabbat.

L'**Église de Jésus-Christ des Saints des Derniers Jours**. Elle a été fondée en 1830 par Joseph Smith à la suite d'une rencontre personnelle avec Dieu, accompagné pour l'occasion de Jésus.

Malgré ses relations haut placées, Smith, candidat en 1844 à la présidence des États-Unis, est non seulement battu mais abattu à l'occasion d'une émeute. Cela n'empêchera pas ses disciples, plus connus sous le nom de **mormons**, de fonder trois ans plus tard une ville sur les bords d'un lac salé dans l'Utah, sous l'autorité de leur nouveau prophète Young. Dès lors, ils vont constituer à eux seuls un État dans l'Utah.

Les mormons ont pour référence la Bible bien sûr, mais aussi le *Livre de Mormon*. Ce dernier, sans vouloir critiquer, est un improbable ramassis de textes « transmis » à Smith par un « messager de Dieu », d'où il découle que l'Amérique aurait été visitée dès 2200 av. J.-C. par un groupe de « Justes » babyloniens. Certains de leurs descendants auraient été choisis pour accueillir Jésus après sa résurrection.

Le protestantisme, religion de 100 % des présidents américains non assassinés à Dallas

À part ça, la polygamie est sans doute le trait le plus original de la théologie mormone. Elle trouve, bien sûr, sa justification dans la Bible ; il suffit qu'elle soit autorisée par le prophète et, accessoirement, acceptée par la première épouse. Avec ses dix-sept femmes et ses cinquante-six enfants, Young donnera l'exemple.

Mais les mentalités changent, et de nos jours la polygamie n'est plus pratiquée que par une branche dissidente. Pour vous donner une idée, on compterait désormais aux États-Unis pas moins de 5 millions de mormons monogames !

Les **presbytériens**. Le mouvement tire son nom de notre Calvin national. En effet, ces gens-là se sont fixé pour but de recréer une copie conforme de l'Église genevoise, organisée comme là-bas, autour d'une assemblée de « presbytres » (4). Aux dernières nouvelles, les presbytériens seraient aujourd'hui près de 4 millions. C'est Calvin qui doit être content !

Les **Témoins de Jéhovah**. Création 100 % américaine, cette secte, enfin cette religion, mettons cette école de pensée née en 1872, a commencé très fort en annonçant le retour du Christ (5) pour 1914... À partir de l'année 15, en revanche, elle s'est un peu calmée sur les pronostics. Tellement calmée que les Témoins n'ont pas vu venir le nazisme, qui lui en revanche ne les loupera pas ; Hitler enverra même plusieurs milliers d'entre eux dans ses camps voir s'il y est.

(4) Pasteurs élus par les fidèles.

(5) Dont ils contestent pourtant la divinité.

Les Témoins de Jéhovah s'efforcent de vivre selon les principes les plus élevés du christianisme. Ils refusent donc alcool, drogue, tabac, vaccins, avortement, viande saignante et transfusion sanguine. Un de leurs rites les plus crispants est le démarchage à domicile, avec propos amphigouriques et sourire idiot à la clé.

Structurés en congrégations et basés à New York, les Témoins de Jéhovah sont plus d'un million aux États-Unis, dont 6 millions dans le monde.

Les **quakers**. Peu nombreux (300 000 d'après la dernière photo aérienne), ils retiennent l'attention par le surnom de « trembleurs » qui remonte au XVIIe siècle où ils se vantaient de « *trembler devant Dieu* ». Les quakers sont animés par William Penn, fondateur entre autres de la Pennsylvanie. Ils n'ont ni sacrements, ni clergé, ni profession de foi ; rien que la tolérance et le tremblement, qu'ils pratiquent du reste avec acharnement. En France, les quakers sont surtout connus en tant que marque de céréales.

La place et la foi nous manquent pour évoquer d'autres sectes aberrantes comme l'*Église de Dieu*, l'*Église épiscopalienne*, l'*Église du Christ*, etc.

Le prêche télévisé, instrument privilégié du prosélytisme chrétien aux États-Unis, donne lieu à de formidables numéros d'acteurs ; Bill Clinton s'en est d'ailleurs inspiré dans le cadre de l'affaire Lewinski.

Quant à George W. Bush, il n'en fait pas mystère : il a été sauvé du péché par son retour à la foi, ce qui fait de lui un *Born again Christian* (littéralement, Christian René).

CHAPITRE XX

Le paradis des origines à nos jours

Le Paradis me plairait pour le climat,
le Purgatoire pour la société.

Abbé Weterle

Très tôt, l'homme digne de ce nom, et même le Néandertalien, commencent à craindre la mort et à chercher des raisons d'espérer qu'elle n'aura pas le dernier mot. Dès lors, toute société humaine va greffer sur l'« au-delà » ses valeurs terrestres, c'est-à-dire son bien et son mal. La convention selon laquelle le *mal* ne serait pas *bien* s'impose assez vite à l'Humanité. Il devient alors évident que les types bien ont droit, après leur mort, à un traitement préférentiel par rapport aux salauds.

Sur cette base commune à tous, une seule variable subsiste selon les cultures des peuples : la nature des prestations fournies aux bons morts.

Les **Assyro-Babyloniens**. Très cruels et profondément religieux, ces peuples vivaient et massacraient dans les trois premiers millénaires avant notre ère. Ils réservaient l'exclusivité de la vie éternelle à une poignée de héros. Quant au M. Tout-le-Monde d'entre Tigre et Euphrate, il suivait, à sa mort, un processus invariable : son corps redevenait poussière, tandis qu'une sorte d'esprit spectral quittait la dépouille pour gagner le monde d'« En bas » (1).

L'**Égypte antique** accorde aux hommes comme aux dieux une âme – *ba* – et un corps – *ka*. Sauf que les dieux, privilégiés par nature divine, ont plusieurs *ka* alors que les hommes n'en ont qu'un.

Néanmoins, les simples mortels peuvent toujours espérer que leur *ba*, si elle s'est bien conduite sur terre, rejoindra au ciel Osiris, tandis que leur *ka* unique passera l'éternité dans son tombeau.

(1) Équivalent des Enfers dans la cosmogonie mésopotamienne et, plus tard, raffarinienne.

Les **Phéniciens** inhument leurs morts. Ce qui peut nous paraître banal revêt en fait une grande importance, dans la mesure où l'âme est censée *rester enfermée* avec le corps dans la tombe. Pour l'aider (l'âme) à prendre son mal en infinie patience, les vivants déposent sur sa tombe un peu de nourriture et surtout de l'eau. De là à parler de paradis…

Les **Grecs** eux aussi appellent « Enfers » le séjour des morts, qu'ils soient bons ou mauvais. Mais ils ont quand même prévu un carré V.I.P. pour les bons : les champs Élysées.

Pour y accéder, le gentil défunt doit traverser l'Érèbe, contrée assez sinistre, fréquentée principalement par des monstres à la Cerbère et des morts sans sépulture. Mais une fois arrivé aux Champs, il n'en goûtera que mieux le délice du séjour élyséen, avec son verger d'arbres aux fruits d'or et son ciel éternellement bleu ciel.

Des hôtesses divines mais bien en chair, les Hespérides et les Méliades, sont préposées à l'accueil des visiteurs, sans qu'on sache précisément jusqu'à quel point elles contribuent à l'agrément de ce séjour éternel (2).

Les **Romains**, plus sérieux que les Grecs, ont organisé leurs Enfers en sept circonscriptions administratives en fonction du statut moral, judiciaire et du type de mort du mort. Ceux qui n'ont été ni méchants, ni adultères, ni suicidés ont leur entrée au Paradis latin, en l'occurrence les champs Élysées (avec des prestations identiques à celles des Grecs).

Les **Scandinaves**. Richard Wagner et René Goscinny ont popularisé le Walhalla, ce paradis en forme de « repos du guerrier » où les héros morts au combat vivent éternellement dans une sorte d'*Eros Center* divin. Ils y sont conduits par les Walkyries, guerrières plantureuses mais vierges circulant à cheval ailé. Il semble que les beuveries et parties fines représentent une part considérable des activités proposées par le Walhalla.

Dans le paradis nordique, tout est permis : sexe, drogue et plaisanteries eschatologiques !

Dans ce vaste espace festif, les heureux élus ont en outre l'honneur de côtoyer leurs divinités préférées, parmi lesquelles on remarque notamment **Odin**, gérant des lieux, chef des dieux et lui-même dieu du Soleil. Son proche compagnon d'armes **Thor**, dieu du Tonnerre, est d'ailleurs équipé d'un marteau pour le bruit. Côté féminin en revanche, les habitués ont pu observer la persistance d'un léger froid

(2) Ni si c'est gratuit.

entre **Freyja**, déesse de l'Amour, et sa quasi-homonyme **Frigga**, déesse du Mariage. Sur les motifs de cette brouille, les walhalollogues sont divisés : certains parlent de rivalité, tandis que d'autres évoquent tout simplement une incompatibilité d'humeur… Mais chacun sait oublier ses rancœurs et tout le monde se retrouve dans la bonne humeur dès que le chef Odin décide l'organisation d'une orgie sacrée.

Les **juifs**. Ce petit peuple tenace, pionnier du monothéisme, va transmettre au christianisme et à l'islam la croyance en l'immortalité de l'âme. Comme l'écrit joliment Maïmonide, *« à l'heure que Dieu choisira, il rappellera les morts à la vie »*. Pour leur proposer quoi ? Eh bien, aux bons juifs comme aux « gentils » dignes de ce nom, un monde idéal où coulent le lait et le miel : le paradis en un mot, sauf pour les diabétiques.

Les **chrétiens** ont presque un *copyright* sur le mot « Paradis », pourtant d'origine persane. Le paradis chrétien, c'est l'éternelle béatitude que goûte, à l'issue du Jugement dernier, le Juste dans la contemplation directe de Dieu en personne (3).

Cette félicité absolue, et donc parfaitement inconcevable pour un cerveau humain vivant, des générations de peintres occidentaux ont tenté de la restituer, généralement sous l'aspect d'une jolie campagne verdoyante où les ressuscités vont tout nus et souriants ; bref, une sorte de camping naturiste où il ferait toujours beau (4).

Les **musulmans** voient l'Apocalypse à peu près comme les chrétiens. Fin du monde plutôt mouvementée, résurrection générale et comparution immédiate pour le Jugement dernier, avec pour les méritants accès au paradis. Les théologiens sunnites précisent néanmoins qu'un pécheur musulman mort sans s'être repenti peut toujours être « repêché » par la miséricorde d'Allah ; ce Dernier ne saurait en effet mélanger les torchons infidèles et les serviettes islamiques.

Malgré une divergence de fond sur la bière et les saucisses, le paradis musulman et le Walhalla nordique partagent dans l'ensemble une conception virile, pour ne pas dire machiste, de l'« honnête homme ». En conséquence, le martyr de l'islam se voit généralement garantir l'affection exclusive et durable de soixante vierges minimum.

Mohamed Atta et ses compagnons du 11-Septembre ont certainement pensé très fort à elles dans les derniers instants précédant leur crash histo-

(3) Ou plus précisément en trois personnes, ou plus exactement encore, dans la théologie chrétienne, en trois hypostases d'une même personne.

(4) Plutôt Cap d'Agde que Montalivet, donc.

rique sur les Twin Towers – même si la détestation de l'américano-sionisme a certainement joué aussi un rôle.

Les **Aztèques** distinguent trois royaumes des morts, entre lesquels les arrivants sont dispatchés à la romaine, c'est-à-dire en fonction non pas de leur genre de vie mais de leur type de mort (guerres, massacres, sacrifices humains, maladies, ennui). Par exemple un noyé, quoi qu'il ait fait au cours de son existence, peut compter sur une prise en charge à 100 % dans le paradis de Tlaloc, dieu de l'Eau et de la Pluie.

En fait de paradis, l'**hindouisme** propose ni plus ni moins une interruption généralisée de l'image et du son. C'est logique, puisque pour les hindous comme pour leurs cousins bouddhistes, le but de la vie est l'anéantissement de l'être dans le *nirvana*.

L'âme individuelle fusionne avec l'âme du monde, engendrant une sorte d'état d'apesanteur généralisée qui, au moins, présente l'avantage de libérer l'individu du scénario répétitif et souvent décevant des réincarnations.

Ce cycle de « migrations de l'âme », comme ils disent, peut durer extrêmement longtemps ; le Bouddha lui-même peut citer de mémoire 100 000 de ses précédentes incarnations ! Autant dire que l'âme doit s'armer de patience pour arriver, au bout de *n* siècles, au Grand Rien. Mais ça vaut le coup d'attendre…

CHAPITRE XXI

Lumières

La Raison a toujours raison

Il n'est pire intolérance que celle de la raison.
Miguel de Unamuno

Au XVIIIe siècle, après l'étouffante fin de règne de Louis XIV, une grande aspiration à la légèreté, et même à la liberté, se répand en France, c'est-à-dire à Paris.

Il faut dire que la capitale est alors *la* ville branchée du monde, c'est-à-dire de l'Europe : l'endroit où il faut tout voir, et surtout être vu.

Une tendance, amorcée dès la Renaissance, commence à s'affirmer : l'Homme, décidément plus présent et crédible que Dieu, devient la mesure de toutes choses.

Les élites aristocratiques et bourgeoises, qui s'enthousiasment pour les progrès des connaissances, estiment que bientôt on pourra se passer de Dieu pour comprendre l'Univers, et même pour y vivre. Les beaux esprits, eux, sourient désormais ouvertement à la seule évocation du mot « transcendance ».

Ces échanges d'idées nouvelles et de sourires entendus se déroulent ordinairement dans le cadre élitaire et confortable des « salons » (1). Ceux-ci se tiennent dans les hôtels particuliers des V.I.P. de l'époque (fermiers généraux, banquiers, négociants, nobles d'épée ou de robe), qui se disputent la présence des intellos et des artistes.

Autant dire que la tenue d'un salon littéraire est un signe extérieur de richesse culturelle. Le salon XVIIIe est en général animé par la maîtresse de maison qui, à défaut d'être toujours

(1) On ne disait pas encore « *lounge* », malgré une anglomanie déjà prégnante.

belle, a l'obligation statutaire d'*avoir de l'esprit*.

Les grandes salonnardes ont pour nom Mme du Deffand, Mme de Lambert, Mme de Tencin, Mlle de Lespinasse et Mme Necker, chez qui l'on papotera et médira en toute liberté de 1720 au 14 juillet 1789.

Plus le salon brocarde les pouvoirs, plus élevé est le *standing* de l'organisateur. Or la réussite sociale est très en vogue sous le règne du régent Philippe d'Orléans, puis sous celui de Louis XV (2).

Cette période, avec son goût pour l'argent facile et les plaisirs éponymes, n'est pas sans rappeler nos années 80. Sauf qu'en lieu et place de Jack Lang, B.H.L. et Tapie, le casting affiche quand même Diderot, Voltaire et Turgot…

Quand Dieu n'est plus en odeur de sainteté…

À côté des salons, on trouve aussi des endroits moins privés comme les cafés (3) où les branchés peuvent à loisir railler l'Église, le roi et le reste.

C'est dans ce cadre élégant et convivial que naît l'école intellectuelle de l'*Encyclopédie*. Des écrivains, penseurs et savants décident de mettre en commun leurs talents pour rédiger un catalogue exhaustif des connaissances du moment, en plusieurs fascicules richement illustrés et disponibles par souscription.

Les articles de l'*Encyclopédie* concernent aussi bien l'astronomie que l'art de fabriquer une chaussure. Mais derrière cet ambitieux bric-à-brac se cache un dessein plus ambitieux encore : prouver que Dieu n'existe pas.

Plus exactement, il s'agit de démontrer par A + B que, si par extraordinaire il y avait un dieu quelque part, en tout cas il n'arriverait pas à la cheville de l'Homme – capable de concevoir et de comprendre tant de choses, de la voiture hippomobile aux mécanismes célestes.

Les maîtres d'œuvre de cette entreprise titanesque et progressiste sont le mathématicien-philosophe Jean d'Alembert (1717-1783) et l'écrivain mondain Denis Diderot (1713-1784), assistés de cent trente collaborateurs. L'*Encyclopédie*, qui commence à paraître en 1751, rencontre auprès des élites un succès d'autant plus grand qu'elle est vaguement condamnée par le pouvoir royal (à la requête de l'Église, qui se sent visée).

Le projet résume l'esprit du siècle, qui prend le nom de « siècle des Lumières » : celles de la Raison et la

(2) Bon roi au demeurant, surtout dans ses derniers instants.

(3) En 1720, on en compte 300 à Paris, les plus courus étant le Procope*** et le Café de la Régence**.

Science, qui bientôt vont dissiper enfin les ténèbres de l'obscurantisme religieux et de l'oppression monarchique. De fait, Diderot et ses amis de la proto-gauche caviar contribuent puissamment à préparer ce super-Mai 68 que sera la Révolution française.

L'esprit des Lumières n'est pas seulement « pas très catholique » : il est d'inspiration franchement *démocratique*. Dans les salons, les beaux esprits défendent, tasse de chocolat au poing, des principes comme la *séparation des pouvoirs*® (Montesquieu), les droits de l'individu contre l'arbitraire (© Voltaire) ou même la révolution démocratique, dangereuse certes mais tellement excitante (Rousseau™).

Bref, les gens des Lumières écrivent, causent et ricanent contre la monarchie de droit divin. C'est leur droit humain. Ils ont en cela l'appui non négligeable de nombre d'aristocrates, de membres de la famille royale et même de l'Église qui, pour être monarchistes ou catholiques, ne s'en veulent pas moins *modernes* comme tout le monde.

Certes, Voltaire va un peu à la Bastille et un peu en exil ; ça prouve au moins qu'on le lit ! Mais dans l'ensemble, grâce notamment à Mme de Pompadour, il s'en tire bien, fréquentant les meilleures tables parisiennes et devenant même un temps le conseiller de Frédéric II de Prusse, despote qu'il se fait un plaisir d'éclairer.

À côté des salons, les élites sont aussi travaillées par la franc-maçonnerie, sorte de secte à prétentions philosophiques et au recrutement choisi. Importée d'Angleterre, comme beaucoup de choses « mode » à l'époque, la franc-maçonnerie suscite l'engouement des élites françaises en raison de son *casting* haut de gamme, de ses cachotteries, de ses rites magiques mais inoffensifs, et surtout de son influence.

Et Dieu dans tout ça ? Les francs-maçons peuvent être athées ou déistes (4) ; quoi qu'il en soit, ils pratiquent tous le culte de l'Égalité – suprême élégance de privilégiés – et le mépris de l'Ancien Régime et de son pilier spirituel, l'Église. La franc-maçonnerie travaille donc, elle aussi, à la chute de la monarchie catholique.

L'idéologie des Lumières recouvre en gros tout le prisme de la pensée progressiste de l'époque, depuis le libéralisme *à l'anglaise* (Montesquieu) jusqu'au communisme *cool* (J.-J. Rousseau), le tout sur fond de défense généreuse des Droits de l'homme.

Mais en fait, ce n'est pas si simple : en même temps qu'il se bat contre la torture judiciaire et pour la réhabilitation de Calas (5), Voltaire se moque

(4) Leur dieu s'appelle alors le « Grand Architecte », et leur apparaît sous la forme d'un œil dans un triangle. Après tout, pourquoi pas ?

(5) Sorte de Dreyfus protestant du XVIIIe siècle.

volontiers des Noirs – assimilés assez arbitrairement à des singes – et participe activement à leur traite. Parallèlement il attaque bille en tête l'islam, et donne même à l'occasion dans la saillie antijuive (6).

Tout ça n'empêche pas Voltaire de demeurer l'incarnation vivante de l'esprit français, ce qui prouve à la fois son immense talent et l'ambiguïté dudit esprit français (7).

Le rêve rousseauiste d'une société apaisée, rustique et égalitaire a bel et bien été mis en forme, sans doute maladroitement, par Pol Pot dans le Cambodge des Khmers rouges. De même, l'Union soviétique a concrétisé l'utopie chrétienne en y ajoutant les goulags plus l'électricité. Mais tous ces tâtonnements ne doivent pas nous masquer les Lumières, porteuses d'une foi nouvelle qui va révolutionner la spiritualité occidentale : la religion de l'homme par l'homme et pour l'homme.

(6) « *Cette nation est, à bien des égards, la plus détestable qui ait jamais souillé la Terre* », écrit ainsi l'auteur du *Traité sur la tolérance*.

(7) Cf. *L'Idéologie française*, de Bernard-Henri Lévy (Grasset, 1994).

CHAPITRE XXII

XIXe siècle

Quand l'occulte devient culte

Culmine ici la quête volontariste et magique d'une expérience subjective créatrice de la réalité du monde et garante de son authenticité. On en voit encore des traces dans la célèbre théorie de la « pensée positive » issue des mouvements de la New Thought, eux-mêmes largement tributaires du mesmérisme et du svendenborgianisme.

Jérôme Rousse-Lacordaire,
in *Le Livre des Sagesses* (Bayard)

Comme l'a magistralement démontré Philippe Muray dans son *Dix-neuvième siècle à travers les âges*, ce siècle est dominé par deux religions nouvelles, l'occultisme et le positivisme, qui en réalité n'en font qu'une : l'occulto-positivisme. Chassez le surnaturel, il revient au galop !

Le destin d'Auguste Comte, père porteur du positivisme (1798-1857), suffit à illustrer cet étonnant mouvement.

Avec ses *Cours de philosophie positive*, Comte crée sa première doctrine : le *positivisme scientifique*. Dénonçant les graves mensonges de l'Église, il affirme que le progrès inexorable de l'esprit humain va rendre incessamment vaine toute forme de religion. L'heure est venue pour la foi, décidément trop théologique, de céder la place à la science, nettement plus scientifique.

L'être humain n'a que faire des disputes métaphysiques et religieuses ; la vaine recherche des « causes premières » peut être interrompue sans dommages. L'humanité, arrivée au « stade positif », va cesser de demander bêtement *pourquoi ?* à tout propos. Elle se limitera désormais à la question scientifique, la seule qui vaille : *Comment ?*

Auguste Comte en a l'intime conviction : la révélation des Lois de la Nature, exprimées en langage mathématique, suffira à apaiser le cœur des hommes. Pourtant, bien que parfaitement informé des lois de la nature, il est victime dès l'âge de 28 ans d'inexplicables et multiples dépressions. Interné plusieurs mois, il ressort avec la mention « NG » (non guéri).

Vingt ans plus tard, Auguste va beaucoup mieux et tombe même amoureux de la sœur d'un de ses élèves, Clotilde de Vaux (1). C'est qu'entre-temps sa pensée a considérablement évolué, et je suis modeste.

Comte élabore une seconde doctrine, en tous points incompatible avec la première : le *positivisme religieux*. Il fonde sa secte perso, réservant au passage une place de choix à Clotilde dans son Panthéon ; mais il ne s'oublie pas pour autant dans ses prières, puisqu'il s'autoproclame « grand-prêtre » de l'Humanité. Vous me direz, il aurait tort de se gêner !

Les principaux ouvrages de sa phase mystique sont le *Système de politique positive* (qui d'ailleurs ne tarde pas à déboucher sur la création d'une autre secte, la « sociologie »), l'audacieux *Catéchisme positiviste* et la *Synthèse subjective* (qui vaudra même à Charles Maurras une « *nuit d'extase* » !).

De nombreux *people* du XIXe siècle connaîtront un destin semblable, basculant dans l'occultisme à la suite d'une surdose de scientisme. Ainsi du révolutionnaire Auguste Blanqui, écrivant successivement un manuel pratique sur l'art de construire une barricade et un opuscule hermétique intitulé *L'Éternité par les astres*. Ainsi de Victor Hugo chantant l'irrésistible Progrès de la Raison humaine en semaine, et faisant tourner les tables le dimanche.

Tous ces gougnafiers, à force de vouloir séparer coûte que coûte foi et raison, n'ont réussi qu'à les rendre aussi folles l'une que l'autre – sous leurs pseudos respectifs de positivisme et d'occultisme.

Celui-ci regroupe tout un fatras de courants mystiques très anciens, qui connaissent une vogue nouvelle au XIXe siècle. Il s'agit toujours de doctrines secrètes censées révéler le « sens véritable » de la Bible ou des grands textes de l'Antiquité grecque.

Bien entendu, ledit sens a été « *occulté* » des siècles durant par un « *complot* » aussi souterrain que haut placé, dont la plupart des occultistes s'accordent à reconnaître que les juifs ne sont pas innocents.

La recette de l'occultisme est à peu près toujours la même : une louche de mystérieux cultes antiques, une cuillerée à soupe de Kabbale, un soupçon d'Hermès Trismégiste, et hop c'est prêt !

On retiendra parmi les V.I.P. de l'occultisme les noms de Papus, Éliphas Lévi (spécialiste de la lumière astrale), Mme Blavatsky (mère de la *théosophie*) ou encore Rudolf Steiner (père de l'*anthroposophie*). Mais on se gardera de négliger pour autant la *psychurgie*, la *mantique* ou, plus récemment, le *davincicodisme*.

(1) Qui hélas mourra bêtement de la tuberculose moins d'un an plus tard.

CHAPITRE XXIII

La religion athée

J'avais une balle dans la poche, quelqu'un m'a jeté une Bible, la balle m'a sauvé la vie.

Woody Allen

Le mot « athéisme » apparaît au XVIe siècle, en 1555, dans le *Fort inexpugnable de l'honneur du sexe féminin,* de l'excellent François de Billon (1). Mais pour devenir vraiment crédible en tant que religion, l'athéisme devra patienter encore trois siècles. Le XIXe sera le bon : celui des grands prophètes de la foi athée, Feuerbach, Marx, Nietzsche et Freud.

Le premier théoricien de l'athéisme moderne est **Ludwig Feuerbach**, qui publie en 1841 son sulfureux best-seller *L'Essence du christianisme.* Selon lui, Dieu est le produit de l'imagination humaine : à travers Dieu, l'homme prend conscience de lui-même, mais sans savoir que c'est de lui-même qu'il prend conscience : c'est l'*aliénation* !

Les prédicats de Dieu (tout-amour, toute-puissance, toute-science) ne sont en fait que des prédicats humains idéalisés. Il est donc souhaitable que le culte de l'homme par l'homme cesse de s'égarer en passant par la case Dieu.

Karl Marx, deuxième prophète de la religion athée, nourrit sa réflexion sur le problème Dieu à la lecture de Feuerbach, ce qui lui donne très vite l'idée de devenir son ennemi mortel. Il ne fait en cela que suivre fidèlement l'exemple de Feuerbach, qui ne ratait pas une occasion d'insulter Hegel, à qui il avait pourtant tout piqué.

Pour être tout à fait complet sur cette généalogie de l'athéisme, rappelons que, selon Hegel, sa pensée n'était en fait rien d'autre que la vérité du christianisme – exprimée, il est vrai, avec ses mots de Hegel à lui.

Aux yeux de Marx, la religion est

(1) Dont l'Histoire n'a hélas pas retenu le nom (à part moi et certains érudits).

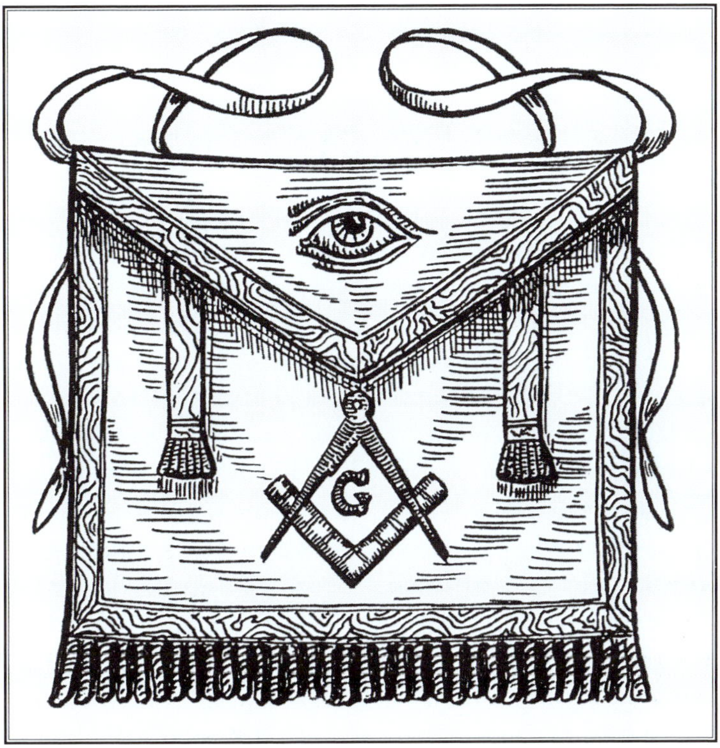

Le comble pour un franc-maçon : rendre son tablier !

mauvaise certes, mais la philosophie ne vaut guère mieux. L'une et l'autre doivent être combattues non seulement dans de vaines arguties (comme Marx l'a fait lui-même), mais éradiquées dans les faits (comme y ont travaillé les présidents Staline et Mao, entre autres).

Marx juge l'antichristianisme de Feuerbach abstrait, idéaliste et pour tout dire mou du genou. Il lui reproche d'oublier l'essentiel : *l'homme réel*, déterminé avant tout par l'économie, la société, l'État et la lutte des classes. Car ce sont l'État et la société qui « *produisent la religion, conscience à l'envers du monde, parce qu'ils sont eux-mêmes un monde à l'envers* ». Et toc !

La religion est l'opium du peuple parce que son paradis est artificiel. Elle n'apporte au malheur des opprimés qu'une compensation illusoire, qui prolonge d'autant leur oppression réelle. Lorsque les opprimés auront obtenu une véritable compensation, la religion disparaîtra : le peuple n'aura plus besoin d'opium, tout simplement parce qu'il aura les moyens de s'en payer comme tout le monde.

Marx pourra d'ailleurs écrire : « *La critique* (c'est-à-dire : *Moi, Karl Marx*) *a arraché des chaînes les fleurs imaginaires, non pour que l'homme porte ses chaînes prosaïques et sans fantaisie, mais pour qu'il rejette ses chaînes et cueille les fleurs réelles.* » Comme quoi le matérialisme dialectique n'est pas incompatible avec la poésie !

Friedrich Nietzsche est le troisième prophète de l'athéisme. Le pitch de Nietzsche ? « *Dieu est mort !* »

Face à la souffrance de l'existence, nous dit-il, inutile de chercher refuge dans les « arrière-mondes », c'est-à-dire les fausses consolations et autres espérances en un « au-delà » qui n'existe nulle part. Bref, Nietzsche fait de l'inexistence de la vie éternelle son premier article de foi.

À l'en croire, le christianisme serait une ruse des faibles pour tyranniser les forts en les culpabilisant. Pourquoi ? Mais par jalousie envers les forts, que les faibles admirent sans vouloir se l'avouer. Nietzsche appelle ça le « *ressentiment* » (2). Comment ? Mais par une pirouette intellectuelle grossière : les faibles étant des incapables, ils décrètent que l'incapacité et la faiblesse sont des vertus, rebaptisées pour l'occasion « compassion » et « humilité ».

Les faibles ont bien compris qu'ils ne pourraient jamais acquérir les vertus des forts (souveraineté, puissance, noblesse, génie de l'arbitraire, dédain). Ils ont alors décidé de faire croire aux forts que ces vertus sont autant de vices (« péchés »), qu'il convient d'échanger au plus vite contre les vertus des faibles. Du coup, les faibles prennent le pouvoir aux forts, et ça s'appelle « l'Église » !

À la débilité chrétienne, Nietzsche oppose le « Surhomme », qu'il ne cessera de défendre bec et ongles contre la veuve et l'orphelin.

Le surhomme nietzschéen n'a rien à voir avec *Superman,* ni même avec Siegfried, comme l'a cru un peu hâtivement le chancelier Hitler – qui, à sa décharge, n'avait eu connaissance d'*Ainsi parlait Zarathoustra* que par une comédie musicale de Richard Strauss.

Le surhomme authentique, c'est celui qui accepte l'existence et l'aime dans sa totalité, telle quelle, héroïquement, avec tout ce qu'elle contient de bon et de mauvais, de beau et d'atroce. Nietzsche appelle cela l'*amor fati* (3), le grand « oui » dit au Destin.

On peut alors se demander si, en fait, il n'essaierait pas de nous dire par là, avec ses mots de surhomme à lui,

(2) *En français dans le texte.* Cette préciosité de l'écrivain contraste avec le look de *rude montagnard* que cultivait l'homme.

(3) « Amour du destin » : quand on n'a pas ce qu'on aime, il faut aimer ce qu'on a, nous dit Nietzsche dans une fulgurance géniale.

qu'il faut aimer la Création divine tout entière et dire oui aveuglément à la volonté du Père. Mais certains nietzschéens risquent de vous répondre tout bonnement en vous collant un bourre-pif.

Contrairement à ce qu'un vain peuple pense, dans *L'Avenir d'une illusion* (1927), **Sigmund Freud** ne prophétise pas le succès commercial de la psychanalyse ; il s'attaque, avec une pugnacité étonnante pour un homme de son âge (71 ans quand même !), à « l'illusion religieuse ».

Si Dieu existait, il n'aurait pas fallu l'inventer

Dieu n'est qu'une vulgaire projection de l'image du père conçue par l'homme, qui manifeste là une fâcheuse tendance à prendre ses désirs pour des réalités. Avec « Dieu », nous nous inventons un père idéal, protecteur, tout-puissant et tout aimant, pour compenser les insuffisances de notre vrai papa, plutôt chétif et craintif de nature, et qui a quand même autre chose à faire que de s'occuper de nous vingt-quatre heures sur vingt-quatre.

La religion n'est donc rien d'autre qu'une *névrose obsessionnelle* collective, caractérisée par la même compulsion à valeur propitiatoire (en l'occurrence : les rituels religieux) que la *névrose obsessionnelle* normale (se laver les mains toutes les huit minutes).

Pour ses détracteurs, Freud lui-même s'abandonne ici à sa propre névrose, consistant à prétendre imposer à tout le monde son mythe personnel : le meurtre du *père originel* par la *horde primitive*. Mais ces gens-là n'ont aucune preuve !

Il est vrai que, dans *Moïse et le monothéisme* (1939), Freud semble projeter son désir sur l'histoire des Hébreux. Ne va-t-il pas jusqu'à prétendre que Moïse a été tué par son propre peuple (*meurtre collectif fondateur* évidemment refoulé) ?

Cela expliquerait le succès d'un Jésus-Christ, reconnu comme le Messie précisément à cause de sa mise à mort – qui fait de lui, ni plus ni moins, la réincarnation de Moïse.

Un mot enfin sur la laïcité, fille aînée de l'Église athée. Le mot date de 1871, et signifie séparation des pouvoirs politique et religieux. La chose date de 1880, lorsqu'un ministre de l'Instruction nommé Ferry expulse 5 000 religieux de l'enseignement ; c'est le premier pas vers une laïcisation en douceur de la France.

Durant l'été 1904, le gouvernement Combes débaptiste les rues portant un nom de saint et fait fermer 2 500 écoles religieuses. Un peu soupe au lait à l'époque, le Saint-Siège réagit en rompant ses relations diplomatiques avec la France.

Le 11 novembre 1904 éclate l'« affaire des fiches » : en réalité, une simple enquête de routine diligentée secrètement par le ministre André sur les pratiques religieuses de 20 000 hauts fonctionnaires. Livré à la meute hystérique de la presse catholique, le gouvernement Combes tombe.

La crise se résoudra à l'amiable le 9 décembre 1905 avec la loi de séparation des Églises et de l'État, clef de voûte de la laïcité française. Les biens de l'Église deviennent propriété de l'État, qui prend en charge l'entretien des bâtiments ; les associations cultuelles disposent d'une liberté d'action totale, sauf qu'elles ne peuvent recueillir ni dons ni legs (4). Aujourd'hui encore, l'Alsace-Moselle vit sous un régime dérogatoire, tout comme Wallis-et-Futuna, où l'enseignement demeure aux mains des catholiques – alors même qu'on découvre chaque jour de nouveaux éléments sur la culpabilité de l'Église dans le Goulag, la Terreur et le *Da Vinci Code*.

À noter enfin le statut particulier de Mayotte, dont le muphti est désigné par le préfet et où la Charia régit la vie civile ; il est permis cependant de regretter l'interdiction de la lapidation depuis le décret du 1er juin 1939. La France sera-t-elle donc toujours le pays du refus de la différence ?

(4) Ce dernier point sera abrogé en 1941, date à partir de laquelle l'épiscopat français cessera d'ailleurs de contester la loi de 1905.

CHAPITRE XXIV

Marxisme

Les ouvriers, c'est la classe !

Le marxisme, comme n'importe quelle autre religion, repose essentiellement sur les prophéties.
Henry L. Mencken

Le prophète du marxisme est sans surprise Karl Marx, né en 1818 à Trèves dans une famille de la bourgeoisie aisée juive en voie de conversion au protestantisme athée.

Fils d'avocat, Karl étudie le droit à Bonn, puis la philosophie à Berlin : c'est l'occasion pour lui de découvrir Hegel, dont le culte de l'Idée pure et de l'État fort marquera durablement Marx. Son doctorat en poche, le jeune homme fonde en 1842 son propre journal, *Die Rheinische Zeitung*. L'année suivante il épouse Jenny von Westphalen, qu'il entraîne aussitôt dans un exil-lune de miel à Paris, son journal ayant été interdit par les autorités prussiennes pour marxisme.

En 1844, Karl rencontre une personne aussi importante dans sa vie que son épouse Jenny : son compatriote Friedrich. Il faut dire que Marx et Engels ont beaucoup en commun : le goût de la philosophie de l'Histoire, l'intérêt pour l'économie politique, les idées progressistes et la barbe.

En 1845, expulsé de Paris pour hooliganisme, Marx rejoint Engels à Bruxelles, où tous deux vont signer leur premier gros ouvrage, *La Sainte Famille*, qui malgré son titre se veut plus téléologique que théologique. L'année suivante, *L'Idéologie allemande* expose pour la première fois le concept révolutionnaire de « matérialisme historique ». En 1848 paraît le *Manifeste du parti communiste*, qui n'est en fait à l'époque que celui de la groupusculaire « Ligue des communistes ». Comme quoi une toute petite entreprise, bien gérée, peut devenir une multinationale, même si elle ne dispose pas au départ du moindre Capital.

Cette même année Marx est, selon

un rite désormais bien établi, expulsé de Bruxelles. Fort heureusement, une révolution vient d'éclater en Allemagne ; notre homme va donc retourner dans sa bonne ville de Cologne pour en assurer l'animation locale.

Hélas, dès l'année suivante, l'écrasement du mouvement contraint Karl Marx à s'en désolidariser. De retour en France au mois de mai 1849, il est expulsé en juillet, et s'installe définitivement à Londres en août. Sur place, complètement fauché, il ne survit que grâce aux subsides de l'ami Engels. Après dix ans de théorie, Marx va enfin pouvoir étudier la misère sur le tas.

À partir de 1867, notre homme se lance dans une vaste analyse historique des conditions d'avènement de la société capitaliste bourgeoise : *Das Kapital*. La bonne parole de cet ouvrage, véritable Bible de la nouvelle religion matérialiste, sera universellement répandue par la Ire Internationale socialiste, fondée à Londres en 1864 par un groupe de penseurs à forte pilosité.

Quant à Marx, après avoir critiqué la Commune de Paris, insuffisamment dialectique à ses yeux, il s'éteint à Londres le 14 mars 1883. Sa tombe à Highgate devient aussitôt le lieu sinon de miracles, du moins de nombreux pèlerinages, ce qui est déjà en soi un miracle.

Que dit, qu'écrit, que croit Marx ? La grille d'analyse qu'il a mise au point, c'est le matérialisme dialectique historique. Il pose que la matière est indépendante de la pensée (elle-même qualifiée de « matière consciente ») et que son développement passe par une longue succession de contradictions solubles dans la dialectique.

Logiquement, Marx voit dans l'Histoire une matière, pas au sens scolaire du terme mais presque : la lutte des classes est le résultat des contradictions socio-économiques entre modes de production et types de propriété, il suffit de le savoir. Toute l'Histoire humaine est celle de la lutte pour l'appropriation par une classe des moyens de production économique, eux-mêmes conditions du pouvoir politique. Bref, depuis Cro-Magnon, des groupes sociaux favorisés n'ont cessé d'opprimer une majorité d'inférieurs – esclaves, serfs, roturiers, paysans, petits-bourgeois, ouvriers, C.D.D.

Cependant, au fil des siècles, l'aristocratie féodale a dû céder à la bourgeoisie ses privilèges enviés de domination et d'oppression. C'est la naissance du capitalisme, qui génère aussitôt de riches potentialités révolutionnaires, tant il est vrai qu'à cette époque on n'exploite pas avec le dos de la cuiller.

Enfants de 6 ans travaillant dans les mines, absence de Sécurité sociale et de retraites, salaires proches de l'aumône, semaine de 135 heures : il y a comme qui dirait de l'abus !

Par chance le capitalisme, avec sa logique de productivité et de plus-

Karl Marx et Friedrich Engels : *prolétaires de tous les pays, pardonnez-leur !*

values exponentielles, tend à se gangrener lui-même sous l'empire de la *loi de concentration du capital* (qu'il a le tort d'ignorer).

Les moyens de production sont détenus par un mini-groupe de super-patrons qui ont bouffé tous les autres. Dans le même temps, le nombre des prolétaires, paysans, employés et petits-bourgeois en voie de paupérisation n'a cessé de croître. Toutes les conditions sont donc réunies pour une gigantesque explosion sociale ! Marx appelle cette inévitable et bienfaisante déflagration la *révolution communiste.* Nécessairement violente, elle devra être menée par la catégorie la plus consciente et la plus organisée du peuple exploité : la *classe ouvrière.*

70 ans d'Union soviétique n'auront pas réussi à éradiquer complètement l'idéal communiste

Une fois la bourgeoisie et le capitalisme abattus et après une phase de « dictature du prolétariat », plus ou moins longue et sanglante, mais de toute façon indispensable pour repartir sur de bonnes bases, les masses accéderont en bloc au paradis terrestre de la *société sans classes.*

Moyens de production et biens de consommation enfin mis en commun assureront à tous le bien-être. Dans la société communiste, tout le monde est son propre maître et, à ce titre, éternellement égal. Les motifs de crise et de mécontentement ayant disparu à jamais, il ne se passe plus rien : c'est la *fin de l'Histoire* !

Cette eschatologie marxiste peut paraître un peu puérile, voire franchement rousseauiste ; mais pas plus, au fond, que la plupart des autres religions. Après tout, le marxisme n'est jamais qu'un atterrissage forcé du judéo-christianisme.

La religion marxiste, authentiquement mystique avec ses prophètes barbus, ses commandements, sa classe élue et sa promesse de paradis pour les justes, va illuminer la vie sinistre de millions d'ouvriers et paysans pauvres et moyen-pauvres de la couche inférieure. Parallèlement, elle recrute un grand nombre d'intellectuels renommés comme, en France, Sartre, Althusser, Foucault et Georges Marchais.

Aujourd'hui encore, malgré certains échecs et massacres, le communisme a conservé une indéniable force d'attraction, notamment en France dans les secteurs-clés de l'Éducation nationale et de la Poste.

À l'échelle mondiale, la pensée de Marx continue d'être la religion officielle de 1,3 milliard de Chinois, 80 millions de Vietnamiens, 22 millions de Nord-Coréens, 12 millions de Cubains, 5,5 millions de Laotiens et 1,5 million de citoyens de la Seine-Saint-Denis.

QUATRIÈME PARTIE

Les religions dernières

CHAPITRE XXV

Le stupéfiant retour du religieux

La probabilité pour qu'une seule molécule vivante de haute dissymétrie soit formée par l'action du hasard s'avère complètement nulle. En effet, le temps nécessaire pour former une telle molécule dans un volume équivalent à celui de la Terre est environ de 10 millions d'années à la puissance 243. Or la Terre n'existe que depuis 4,6 milliards d'années, et la vie y est apparue aux environs de 3,05 milliards !

Pierre Lecomte du Noüy

En ce paisible début de XXIe siècle, les espoirs de surpasser le XXe en matière de monstruosité semblent minces. Après la chute du communisme et la globalisation harmonieuse de l'ultra-libéralisme, nulle apocalypse ne semble pointer à l'horizon. Et pourtant, on assiste à un retour sans précédent du religieux ! Pourquoi ?

Le 11/9 semble avoir réveillé aux quatre coins de la planète les démons de tous les fanatismes religieux – tout en suscitant, même chez les athées, une notable reviviscence de la question du sens (1).

La France elle-même, fille aînée de l'Église certes, mais aussi mère porteuse de l'athéisme moderne – la France dis-je, patrie de Diderot, de Zola et de Cabu, semble sur le point de rattraper son retard en matière de « retour du religieux ». Un retour qui, grâce aux progrès du communautarisme, profite désormais également à toutes les croyances.

L'un des principaux protagonistes

(1) Le contre-exemple du « cas Onfray », trop rapidement évoqué ci-dessous, mériterait en fait à lui seul une étude complète, tant métaphysique que commerciale et clinique.

de ce tournant historique est Jean-Paul II, unanimement plébiscité comme le « pape du siècle » (2). Sa contribution à la chute du communisme, son kif sur les Droits de l'homme et son génie médiatique en ont fait une authentique star planétaire. À tel point que, le 8 avril 2005, on a pu voir s'agenouiller devant sa dépouille trois présidents américains *baptistes*.

Jean-Paul II aura également été l'initiateur des Journées Mondiales de la Jeunesse (J.M.J.), qui ont donné un coup de fouet à la religion catholique : records d'audimat pour les messes, renouveau du rock chrétien, multiplication du nombre de surfeurs sur les sites webs cathos à caractère non-pornographique, etc.

En 1997, après le triomphe des J.M.J. de Paris, de nombreux catholiques français commencent à faire leur *coming out*, n'hésitant plus à faire état devant leurs enfants ou leurs proches, voire en public, de leur orientation religieuse.

Chez nos amis les protestants, ça bouge aussi ! En 2000, c'est un *born again Christian*, George W. Bush, qui accède à la Présidence (3). Après l'épisode du 11-Septembre et la starisation subséquente de Ben Laden, les *neocons* (4) gagnent du terrain et décident de partir en croisade contre « l'Axe du Mal ».

Croyants ou non, ils demandent à Dieu de prendre clairement position pour l'Amérique, en confirmant sa mission planétaire d'évangélisation démocratique et de pacification armée.

Après l'accueil chaleureux de la guerre en Afghanistan (octobre-novembre 2001), l'administration Bush lance en mars 2003 en Irak une nouvelle « guerre-éclair » (5). Il s'agit en quelque sorte d'une adaptation à gros budget du best-seller de Samuel Huntington, *Clash of Civilizations*. Dans cet ouvrage, l'auteur soutenait dès 1996 que la « chute des idéologies » laissait augurer d'une résurgence de « sentiments identitaires » plutôt bas de gamme, ainsi que du réveil d'un islam radical à tendance fanatique.

La suite des événements semble donner raison à Huntington : « affaires du voile » I et II, disparition du World Trade Center, succès du provocant *Dieu m'a donné la foi* d'Ophélie Winter, recrudescence du racisme anti-tout, assassinat de Théo Van Gogh (6), affaire des caricatures du Prophète (7), condamnation des

(2) Ce qui, soit dit en passant, n'est pas très aimable pour Benoît XV (1914-1922).

(3) Des États-Unis d'Amérique.

(4) Abréviation américaine de « *nouveaux conservateurs* ».

(5) Prolongée par la suite en raison du succès.

(6) Cinéaste néerlandais égorgé par un islamiste mécontent.

(7) Mahomet.

Dessin : Anne-Marie Adda.

Pour Onfray, il faut désintégrer les intégristes !

propos du pape expliquant pourquoi il n'est pas musulman, etc.

Mais l'événement spirituel majeur du moment reste incontestablement la ringardisation de l'Église de scientologie par la Kabbale, nouvelle secte hypra-*hype*. Dans l'enthousiasme, la chanteuse Madonna ira jusqu'à décider de se faire désormais appeler Esther, sans bien mesurer sur le coup les inconvénients pour sa carrière…

Outre Esther la Kabbale compte, parmi ses adeptes les plus prestigieux, Britney Spears, Elizabeth Taylor, le couple Beckham et Demi Moore. Houellebecq hésite encore.

Et Jean-Paul II écrasa Jean-Paul Sartre…

Pourtant, si l'on en croit les analyses de Marcel Gauchet, ce retour du religieux n'est qu'un trompe-l'œil. Malgré des soubresauts de surface, le mouvement profond de nos sociétés, la *sécularisation*, se poursuit de plus belle : « *Nous sommes devenus métaphysiquement démocrates* », assène Gauchet.

Le philosophe définit le christianisme comme « religion de la sortie de la religion ». La foi post-moderne, cantonnée à l'aire privée, se réduit à un choix personnel. Fini les témoins qui se font tuer, place aux consommateurs qui font tout tester. Plus jamais la religion ne pourra structurer la société (8), ni même la déstructurer (9).

À côté du retour du religieux se dessine donc un renouveau athée, dont la figure de proue chez nous (10) est Michel Onfray. Tel un Pasqua de la Libre-pensée, il semble s'être juré de « *désintégrer les intégristes* ».

Avec une subtilité qu'on n'avait plus connue depuis Duns Scot, Onfray évite le piège consistant à prendre pour cible le fanatisme en tant que tel ; il s'épargne ainsi le risque d'un regrettable effet boomerang.

Son sujet d'étude, ce sont les religions elles-mêmes. Et sur cette question, l'auteur du *Traité d'athéologie* n'hésite pas à dire sa vérité, allant jusqu'à désigner les trois monothéismes comme les pires religions de tous les temps. C'est là qu'il affirme, avec sa petite grimace dionysiaque : « *Au vu de l'état du monde, l'urgence me semble l'enseignement du fait athée !* »

Mais tout le monde ne se reconnaît pas dans le radicalisme antireligieux d'Onfray, ce Savonarole de l'hédonisme. Contrairement à lui, la plupart des incroyants ont renoncé à l'intégrisme athée pour se recentrer

(8) Comme l'hindouisme avec le système des castes.

(9) Comme feu Jean-Paul II avec feu l'Empire soviétique.

(10) En France.

sur une défense de leurs valeurs qui n'exclut pas le dialogue.

Aux yeux de M. Onfray, ce désarmement moral est suicidaire ; l'Europe ne peut pas se permettre d'oublier ses racines athées. Face aux assauts des fanatismes religieux, l'Occident ne pourra survivre que s'il est prêt à mourir et à tuer pour défendre les trois piliers de sa civilisation : la science, la pornographie et l'humour.

À mon avis à moi, je pense que ces deux opinions sont également respectables. L'essentiel est de ne pas confondre les amalgames. Les trésors inépuisables de Maïmonide et de Chagall ne sauraient être annihilés par les excès d'une poignée de juifs ultra-orthodoxes. La violence aveugle d'un Ben Laden ne doit pas faire oublier les joyaux de la mystique musulmane (soufisme, Avicenne, Rûmi, Zidane). Et le bébé Jésus ne mérite pas d'être jeté avec l'eau du bénitier ! Bref, pour s'imposer enfin au monde, la mystique athée se doit d'intégrer tout ce qu'il peut y avoir d'humain dans l'héritage des grandes superstitions religieuses.

CHAPITRE XXVI

Les alter-religions

Quand un homme cesse de croire en Dieu,
ce n'est pas pour croire en rien
mais pour croire à n'importe quoi.
Gabriel K. Chesterton

Psychanalyse : allonge-toi et marche !

À la fin du deuxième millénaire, la psychanalyse s'imposait comme la première des alter-religions occidentales en termes de sectateurs. Désormais en net recul, elle conserve néanmoins une forte implantation chez les CSP + urbains stressés.

Le fondateur de ce culte, profane au départ, est un médecin autrichien, Sigmund Freud (1856-1939). Spécialisé dans les troubles psychologiques, il élabore sa théorie au contact de sa clientèle de bourgeoises viennoises hystériques.

En 1897, Sigmund a la révélation de ce qui deviendra le dogme fondateur de sa religion, le fameux *complexe d'Œdipe*. Celui-ci fait référence à une tradition mythologique grecque ayant trait à l'inceste, qui à l'époque semble tabou.

En 1909, de retour d'une tournée triomphale aux États-Unis, paradis des nouveautés et des sectes, Freud fonde officiellement son Église, l'*Association psychanalytique internationale*, dont la Rome sera Vienne.

La grande révélation du freudisme, c'est le pouvoir de l'inconscient. Dès qu'il en prend conscience, Freud part en guerre contre le *refoulement*, père de toutes les névroses. Le truc, en gros, c'est que tout le monde refoule dans sa tête des tas de choses qui sont en rapport avec le sexe, et c'est malsain.

Au fil de ce combat intellectuel, Freud va inventer des centaines de concepts toujours plus opératifs, comme la régression et la sublimation, le sadisme et le masochisme, l'Éros et le Thanatos – sans parler des trois instances de la psyché : le *ça*, ramassis de pulsions inconscientes ; le *surmoi*, instance d'introjection des interdits moraux ; et bien sûr le *moi*, qu'on ne présente plus.

Après la mort de son prophète, la religion psychanalytique se développe rapidement dans l'hémisphère occidental, notamment dans les couches favorisées (1). À partir des années soixante-dix, la presse féminine va devenir le principal vecteur de diffusion de cette nouvelle croyance, bientôt relayée par la télévision.

Le freudisme est lui aussi un phénomène religieux, en dernière analyse

Le « tout-psy » achève d'évincer le christianisme dans l'explication des souffrances de l'âme, requalifiée en « inconscient ».

Comme tout culte digne de ce nom, la psychanalyse a ses rites : le psy officiant oblige le patient/pratiquant à s'allonger sur un divan en signe d'infériorité, de soumission et de maladie. L'acte psychanalytique se conclut immanquablement par le paiement des honoraires – élevés certes, mais pas plus somme toute que les offrandes obligatoires dans les cultes de l'Antiquité.

Le caractère religieux du freudisme est, si l'on peut dire, consacré par les multiples hérésies et excommunications qui accompagnent sa diffusion. Un des disciples préférés de Freud, Carl Gustav Jung (1875-1961) ne tarde pas à défroquer pour fonder sa propre secte. Plus tard, le Français Jacques Lacan (1901-1981), freudien schismatique, décidera *motu proprio* d'« enrichir » la liturgie freudienne d'un recours systématique au jeu de mots comme remède aux maux du « je » (2).

Le disciple le plus turbulent de Sigmund Freud demeure Wilhelm Reich (1897-1957). Sans l'autorisation du Maître, il tentera de faire fusionner les cultes psychanalytique et marxiste dans une sorte de *révolution sexuelle citoyenne*, avant de finir dans un asile de fous.

Foot : tout le monde au ballon !

C'est par milliards que se comptent les fidèles téléspectateurs du championnat mondial de football, réunis par leur culte du ballon rond, au-delà de leurs différences d'origine, de culture, de religion et de Q.I.

Chaque match revêt le caractère

(1) Selon un processus analogue à celui qu'a connu le christianisme primitif dans la société romaine.

(2) Voir à cet égard mon excellente *Histoire universelle de la Pensée de Cro-Magnon à Steevy*, La Table Ronde, 2005.

d'une liturgie sévèrement codifiée. L'arbitre, grand-prêtre de cet office, règle les évolutions des joueurs, tel un substitut de la divinité. Une divinité qui n'hésite pas à punir l'inconduite des hommes, brandissant à leur face et à celle du Ciel des petits cartons jaunes ou rouges, modernes substituts de la foudre jupitérienne.

Le caractère sacré du football est encore attesté par le rituel identitaire qui accompagne la célébration sportive. Les hymnes nationaux exécutés par des fanfares, entonnés par le public, voire par les joueurs, les drapeaux brandis par milliers, les insultes proférées d'un camp à l'autre, tout cela s'enracine à l'évidence dans un ritualisme préhistorique.

Le ballon lui-même, instrument central du culte footballistique, renvoie par sa forme sphérique au Soleil, valeur sûre des cosmogonies les plus éminentes, de l'Égypte ancienne à la Grèce en passant par les religions de l'Amérique pré-colombienne. En luttant pour s'approprier, puis soumettre à sa volonté le ballon, le joueur s'inscrit dans le droit fil du *prométhéisme*, éternelle aspiration de l'Homme à se substituer aux dieux.

L'acte, sacré entre tous, du *penalty* – littéralement « punition » – transforme le joueur chargé de le tirer en pied armé de la justice footballistique.

Mais l'équipe fautive peut toujours espérer en la maladresse du *pénalisateur*: le destin, dans l'univers du ballon rond, est rarement implacable, et la moindre défaillance humaine peut secouer le joug du *fatum*. Malheur donc au joueur qui rate son penalty ! La *vox populi* immense stigmatise le maladroit, aussitôt voué aux gémonies.

Voilà qui nous amène au rôle essentiel du public, retrouvant spontanément les gestes et cris de la plèbe entassée sur les gradins du Colisée pour exiger la mise à mort des gladiateurs (ou même parfois leur grâce).

Un comportement similaire se retrouve chez le téléspectateur hystérique : on crie, on trépigne devant son poste comme au stade, on hurle pour une passe ratée, même si l'on appartient aux couches supérieures de la société. Le football fait de la grande majorité de ses spectateurs des « supporteurs » en transe. Ce phénomène de possession de masse renvoie clairement aux flagellants, aux convulsionnaires de Saint-Médard et aux manifestants en faveur des Droits de l'homme. Religiosité, encore et toujours…

De même que le catholicisme a su convaincre à la fois Péguy et Mireille Mathieu, le culte du foot rassemble dans une même communion des personnalités aussi diverses qu'Albert Camus et Jean-Claude Camus.

Européisme : cabri, c'est fini !

Si l'idée européenne est ancienne, et a su séduire aussi bien Érasme et Victor Hugo que Charlemagne et Hitler, l'européisme politique est né des décombres de la Seconde Guerre mondiale. Bouleversés par le terrible bilan de la dernière guerre civile européenne, deux grands esprits français, Robert Schumann (1886-1963) et Jean Monnet (1888-1979) s'attellent, dès la fin des années quarante, à promouvoir l'idée d'institutions communautaires, garantes de paix et de coprospérité durables.

L'acte fondateur de cette Europe mystique est la création de la CECA (Communauté Européenne du Charbon et de l'Acier) ; mais elle ne cessera par la suite de repousser ses limites financières, militaires, policières et humanitaires.

L'adoption de la monnaie unique peut sembler une sorte d'aboutissement institutionnel. Mais quid de l'Europe politique, unique objet du rêve romanesque et technocratique de Jean Monnet ?

Certes, la Commission européenne déploie beaucoup de bonne volonté pour faire avancer les choses – n'hésitant pas, le cas échéant, à passer en force malgré les ronchonnements de peuples aveugles.

Mais mon Dieu que tout cela est lent ! L'européiste, le vrai croyant en l'Europe, attend toujours l'avènement du monde rêvé. Un monde où être turc ou allemand ne serait plus qu'une particularité sans conséquence, et où seule compterait la volonté souveraine d'un peuple européen unanimement rangé sous une seule bannière et partisan d'un seul idéal, de l'Atlantique à l'Irak.

Cet européisme intégral a longtemps recruté ses fidèles dans les élites politiques et culturelles de l'Union. Jusqu'à un passé très récent, il était impensable d'être à la fois diplômé de l'enseignement supérieur *et* hostile à la construction européenne.

Mais ces dernières années, le rejet croissant de l'idée fédéraliste par nombre d'opinions publiques européennes a encore accru le fossé entre Europe d'en haut et peuples d'en bas. Le « non » à la Constitution européenne des électeurs français et néerlandais, en 2005, a sonné le glas de l'espérance.

Au fond, l'européisme est un jansénisme : la grâce européenne ne saurait être accordée qu'à une petite élite prédestinée, qui seule pourra communier dans cette idée sublime. D'où la foi inébranlable des grands européistes, contre vents et marées, peuples et référendums.

Pourtant, l'avenir s'annonce bien sombre pour ces intégristes de l'Europe intégrée. Déprime générale et démagogie populiste semblent sur le point de ruiner ce projet décidément trop visionnaire, et l'Europe réelle s'oriente plutôt vers le modèle d'une ex-Yougoslavie sans massacres ni fromages au lait cru.

Soldes : le Veau d'Or debout !

Religion relativement jeune, le culte des Soldes a conquis en un temps éclair une très vaste audience, qui fait de lui l'événement spirituel dominant en Occident, loin devant le football et l'islam.

Ce rite de type païen se célèbre à date fixe, en janvier et en juillet, dans la plus modeste échoppe comme dans le plus grand des grands magasins. Ces lieux de culte se hérissent alors de calicots et de pancartes aux caractères agressifs, où les chiffres prennent le pas sur les lettres ; les Soldes ne sont pas une religion du Verbe.

C'est en revanche une religion d'État, puisque la période des célébrations est fixée au plus haut niveau par les ministères compétents. Le scénario est immuable depuis une bonne quarantaine d'années : dès l'aube du premier jour, les fidèles se massent aux portes des édifices cultuels, attendant dans la fièvre l'ouverture des portes du temple.

Une fois celles-ci ouvertes par les desservants, on assiste à d'étonnantes scènes d'hystérie collective. Les clients – nom généralement donné aux sectateurs du culte – envahissent, parfois en hurlant, les lieux et se ruent sur les marchandises offertes à leur concupiscence. La surreprésentation de l'élément féminin dans ces cérémonies n'est pas sans évoquer la violence destructrice des Bacchantes de l'Antiquité gréco-romaine.

Reste que plus l'heure avance – plus les jours passent – et plus la foule s'apaise. La raison en est simple : cette religion est fondée sur l'*angoisse de l'occasion manquée*, angoisse que peut suffire à tempérer l'achat d'une culotte à prix écrasé.

De toutes les religions disponibles sur le marché, le culte des Soldes est sans conteste celui qui procure la rédemption et le Paradis au tarif le plus concurrentiel.

CHAPITRE XXVII

Le raélisme est un réalisme

Tout mal vient d'asnerie.
Montaigne.

Avec la fin du service public en matière spirituelle, l'explosion des sectes va permettre une formidable diversification de l'offre religieuse.

L'une des sectes les plus sympa du marché, c'est celle des raéliens. Il convient de rendre hommage ici à son chef, le plus dilettante de tous les gourous : en 33 ans d'exercice, Raël n'a jamais fait le moindre effort pour apporter à ses affabulations ne serait-ce qu'une once de crédibilité, ni pour dissimuler ses deux véritables buts spirituels : les femmes et les voitures de luxe.

Face à la faillite des cultes traditionnels, Raël invente une religion structurellement bénéficiaire

Né à Vichy en l'an 1 de l'ère raélienne (1), le jeune Claude Vorilhon ressemble plus à un baba auvergnat qu'à un extraterrestre normal. Mais déjà il sait, il sent qu'un destin d'exception l'attend. Sa quête de la staritude commence dès 1966 avec la chanson, lorsqu'il tente, sous le nom de Claude Celler, de faire croire au monde que le premier clonage de Jacques Brel a réussi.

Las ! Il n'est guère entendu, et sa carrière lyrique s'arrête brutalement au bout d'un an. Pas démonté pour autant, le jeune homme se reconvertit en rédacteur en chef d'*Auto Pop*, magazine de sport automobile ; ça lui permet de se faire un peu de blé et de meufs, mais pas assez.

Le 13 décembre 1973, après avoir mangé la moquette de son appartement, Claude va faire une balade aux environs de Clermont-Ferrand. Soudain, au centre du cratère du Puy de Lassolas, au moment où il s'y attendait le moins, il est interpellé par un extraterrestre de 1,20 mètre.

L'inconnu lui propose de devenir son impresario et lui donne un nom de scène, « Raël », « *celui qui apporte la*

(1) 1946 dans le calendrier préraélite.

À en croire ses détracteurs, Raël ne raconte que des cloneries.

lumière » (2). Très vite ils deviennent amis, et Raël reçoit tout un tas de révélations : l'homme et les autres espèces animales ont été créés en laboratoire, il y a très très longtemps, par des *élohim* (« *scientifiques extraterrestres désœuvrés* ») (3).

Grâce à l'aide de son ami alien, Raël propose une relecture décoiffante de la Bible, à côté de laquelle les « audaces » de Prieur et Mordillat (4) ressemblent à des blagues d'inquisiteurs bourrés.

Ainsi, Jésus serait le fils d'un extraterrestre, au charme verdâtre duquel Marie n'aurait pu résister. Quant à la traversée de la mer Rouge, elle aurait été rendue possible grâce à un « rayon répulseur d'eau », produit de la haute technologie extraterrestre de huitième génération.

Le 7 octobre 1975, une prestigieuse délégation d'extraterrestres se déplace jusqu'à Brantôme pour faire à Raël une proposition qu'il ne peut pas refuser : un voyage d'études tous frais payés sur leur planète !

Au cours d'un mémorable banquet, Raël va faire la connaissance de Bouddha, Moïse, Jésus et Mahomet, maintenus en vie scientifiquement par les élohims, qui envisagent de les utiliser comme *guest stars* lorsqu'ils feront leur *come back* sur Terre.

Raël fera le sien en décembre 2002, avec l'annonce du premier bébé cloné, « Ève ». Intelligence extraterrestre et clonerie humaine : Claude Vorilhon tient les deux bouts de sa chaîne en or.

Pour autant les raéliens, conscients que science et sensationnalisme font rarement bon ménage, ne montreront jamais le bébé au monde (même *Paris Match* n'a pas eu la photo !).

(2) En latin *Lucifer*, « le porteur de lumière ».

(3) Telle est en effet la traduction correcte du mot « Élohim », qui apparaît dès le début du livre de la Genèse.

(4) Célèbre duo de biblologues révisionnistes.

Le but des raéliens est simple : préparer l'humanité à accueillir dignement le retour de nos Créateurs en construisant à leur intention une « ambassade » ; ce projet, on l'aura compris, requiert beaucoup d'argent, de femmes et de voitures de luxe.

L'individualisme et son prolongement l'échangisme font partie des valeurs raéliennes fondatrices. Les raéliens définissent eux-mêmes leur doctrine comme « *une belle combinaison de spiritualité, de sensualité et de science* ». Tout est dans la présentation !

Conscient des perspectives d'expansion au sein du marché asiatique, Raël se fait également appeler depuis peu le « Maitraya », soit le « Bouddha de l'Occident », qui aurait été annoncé par « *certaines traditions ancestrales* » (5).

Être à la fois le frère de Jésus et la réincarnation du Bouddha n'est certes pas donné à tout le monde : Raël a inventé, ni plus ni moins, le cumul des mandats divins.

(5) Sous-entendu : « Va donc vérifier ! »

CHAPITRE XXVIII

4 000 ans de dialogue interreligieux

Une religion qui tolère les autres
ne songe guère à sa propagation.
Montesquieu

N'en déplaise à Benoît XVI, l'Humanité n'a pas attendu 1391 et la désormais célèbre *7e Controverse* opposant l'empereur byzantin Manuel II Paléologue à un érudit persan, pour engager le débat entre philosophies et traditions religieuses.

Dans la Bible déjà on peut voir les Hébreux, convertis au monothéisme, pratiquer la controverse théologique sur le terrain. Aux Égyptiens polythéistes ils envoient, juste pour leur montrer la puissance du Dieu unique, dix plaies carabinées (1), avant d'engloutir carrément leur armée dans la mer Rouge !

Quant aux prophètes de Baal, leur sort n'est guère plus enviable. À l'issue d'un concours de miracles qui les oppose à leur collègue le prophète Élie, ce dernier l'emporte haut la main sur ses 450 challengers et en profite pour les égorger un à un (près du torrent de Qishôn, pour vous situer) (2).

Par la suite le christianisme, religion d'amour universelle, entame à son tour un débat constructif avec les autres croyances et traditions qu'il rencontre au fil de l'épée de sa première expansion dans le bassin méditerranéen.

Persécuté par les empereurs romains pendant quelque trois cents ans, le christianisme finit par renverser la tendance et devient même religion officielle de l'Empire vers la fin du IIIe siècle. Il peut alors persécuter à son tour les derniers sectateurs du paganisme gréco-romain et, dans la foulée, les juifs demeurés juifs (3)

(1) La *plaie-liste* par ordre chronologique : eaux changées en sang, grenouilles, poux, mouches, extermination des troupeaux, ulcères, grêle, sauterelles, ténèbres, génocide des premiers-nés (Exode 7-12).

(2) I Rois 18, 20-40.

(3) *Demeurés juifs* signifie bien sûr, dans le contexte, *juifs restés fidèles à la foi de leurs ancêtres*, et non pas *attardés mentaux.* (Note de l'avocat.)

Quand une controverse théologique est trop pointue, le dialogue cède souvent la place au « jugement de Dieu ».

malgré la « Bonne Nouvelle » du Christ-Messie.

Dans les siècles suivants, l'Église catholique règne en maîtresse sur les âmes occidentales, grâce à une habile politique de *soutien sans participation* aux monarchies en place. Ainsi lorsque Charlemagne entreprend d'exterminer les païens saxons, ce n'est pas à la demande de Rome, certes ; mais il n'est pas non plus excommunié pour autant.

Le paganisme nordique prendra sa revanche à partir du IXe siècle, via les nombreux raids vikings en Occident, qui privilégient une politique volontariste de destruction des édifices religieux et de massacre des communautés chrétiennes.

Entre-temps, dès le début du VIIIe siècle, l'islam a entamé avec le christianisme une confrontation géo-spirituelle prometteuse. Elle est marquée notamment par la fameuse *Controverse de Poitiers* (732), opposant Abd al-Rahmân à Charles Martel ; à l'issue d'une mémorable joute, ce dernier finira par l'emporter à coups d'arguments-massues.

L'échange islamo-chrétien domine l'actualité religieuse médiévale, à la faveur des huit croisades qui vont s'égrener de 1096 à 1270. Incontestablement, le temps fort en est la première prise de Jérusalem par les croisés en juillet 1099, marquée par la disparition de quelque 40 000 musulmans et juifs (4).

(4) À l'heure actuelle, aucun d'entre eux n'a été retrouvé.

D'une manière générale, le Moyen Âge chrétien traite avec une certaine intransigeance les juifs « perfides » (5), qui non seulement ont tué le Christ, mais persévèrent diaboliquement dans leur erreur.

De leur côté, les Turco-Arabo-Kurdo-Syro-musulmans ont réduit en miettes – ou au mieux en esclavage – les milliers de civils et enfants entraînés dans les deux croisades populaires foireuses de 1096.

Ne perdons pas pour autant de vue l'essentiel : l'âpreté de cette confrontation spirituelle doit beaucoup au fait que chacun des antagonistes, persuadé de professer la vraie foi, brûle de la faire partager à l'autre.

Au XIe siècle toujours, mais plus loin à l'Est, les principautés russes chrétiennes dialoguent à l'arme blanche avec les Tatars convertis à l'islam. Ces mêmes Russes, emmenés par le prince Alexandre Nevski, se lancent ensuite dans une intense controverse catholicisme-orthodoxie avec les chevaliers teutoniques (XIIIe siècle). Plus au sud, les Serbes chrétiens succombent provisoirement aux arguments théologiques islamo-turcs, suite à la rencontre du Champ des Merles (1389), au Kosovo déjà.

Cette période mouvementée va se clore en 1492 avec la fin durable, au moins en Espagne, de plusieurs siècles de confrontation christiano-musulmane. Mais voici qu'arrive déjà la Renaissance, formidable courant d'air frais culturel qui accouche, si l'on ose dire, de l'humanisme puis de la Réforme protestante. Le débat, pour être désormais interchrétien, n'en est pas moins passionné. En France, huit guerres catholico-protestantes, inégalement meurtrières, illustrent la rudesse d'une dissension portant notamment sur la grâce, la Vierge, les saints, le pape, certains sacrements et le célibat des prêtres, déjà.

L'aire germanique n'est pas épargnée par cette mondialisation de la controverse théologique ; et aux Pays-Bas espagnols, les Ibères s'efforcent de ramener les Hollandais à la vraie religion selon des méthodes qui ont fait leurs preuves en Espagne.

La Renaissance c'est aussi les « grandes découvertes ». Au XVIe siècle, les conquistadores espagnols vont réussir à convaincre, notamment par la persuasion, des millions d'Amérindiens de renoncer à leurs superstitions d'un autre âge.

Les dieux aztèques, mayas et incas eux-mêmes vont devoir se fondre dans la religion catholique en attendant des jours meilleurs ; et c'est par centaines de milliers que les nouveaux convertis montent au Ciel vérifier l'excellence de l'eschatologie chrétienne.

Pendant ce temps-là, l'échange islamo-chrétien se poursuit dans le

(5) Du latin *perfidus*, « qui viole sa foi » ; à ne pas confondre avec *bifidus*, « fendu en deux ».

bassin méditerranéen, ponctué par la prise de Rhodes par les Turcs (1520), puis la bataille navale de Lépante, gagnée par les chrétiens (1571).

À cette époque d'ailleurs, peu de gens le savent, les musulmans ont mis en œuvre une solide politique commerciale d'esclavagisme des chrétiens, qui se prolongera jusqu'au début du XIXe siècle et concernera des centaines de milliers d'Européens – parmi lesquels le prestigieux écrivain Cervantès.

Au XVIIe siècle on se confronte encore un peu, en France, entre catholiques et protestants, mais avec moins d'enthousiasme qu'en Allemagne, où la guerre de Trente Ans semble n'en plus finir.

Le débat est ardent en Angleterre également : au terme d'une guerre civile mouvementée, le puritain Cromwell décapite le roi et se lance dans la répression tous azimuts contre les catholiques anglais, irlandais, écossais ou même juste qui passaient.

Les Turcs font un dernier effort sérieux pour acculturer l'islam au cœur de l'Europe, échouant finalement aux portes de Vienne (1683). Il en faudra du temps, pour renouer le fil du dialogue !

En attendant, les Ottomans se replient sur les Balkans, où le tête-à-tête entre monothéismes sera marqué, jusqu'au XIXe siècle, par diverses polémiques noyées dans le sang chrétien.

En France, la révocation de l'édit de Nantes par Louis XIV (1685) entraîne une sorte de guerre d'Algérie dans les Cévennes ; outrés par tant d'intolérance, nombre de protestants iront construire un monde meilleur en Afrique du Sud.

Le débat interreligieux est relancé par la Révolution française, qui tente de remplacer le christianisme par la nouvelle religion des Droits de l'Homme. Ce prosélytisme passe, comme souvent, par un certain nombre de persécutions, dont la plus remarquable demeure l'écrasement des révoltes vendéenne et bretonne (6).

Parallèlement, la Terreur s'efforce d'imposer ses propres dieux lares. Hélas ! le culte de la **déesse Raison** (nov. 1793) ne survivra pas au guillotinage de son fondateur Hébert (mars 94) – pas plus que celui de l'**Être suprême** (juin 94) à la décollation de son inventeur Robespierre (29 juillet).

Au XIXe siècle le dialogue interreligieux reprend, en Amérique, avec le choc entre Anglo-Saxons protestants et Amérindiens pagano-chamanistes. Le protestantisme yankee, pragmatique, s'impose progressivement aux populations à peau rouge, évangélisées à coups de whisky et de Winchester.

En Afrique, la France et l'Angleterre tentent de nouvelles croisades

(6) 200 000 catholiques envoyés directement au Ciel.

Vis-à-vis des infidèles, les Turcs pratiquent l'ouverture.

contre l'islam et l'animisme, via la colonisation : les Pères blancs suivent de près les légionnaires et les turcos, et convertissent une patarafée de Blacks. En revanche le R.P. de Foucauld, établi au fin fond du Sahara à des fins d'évangélisation, ne convertira personne, et finira même assassiné par des Senoussis (7).

En Afghanistan et en Inde, musulmans et hindouistes contestent ponctuellement, avec succès dans le cas afghan, les arguments d'autorité des Anglais anglicans. À la fin du XIXe siècle un prophète soudanais, le **Mahdi**, tente de refaire le coup de Mahomet et prend Khartoum aux Anglo-Égyptiens. Il échoue très vite, mais son aventure inspirera un assez bon film avec Charlton Heston et Sir Laurence Olivier.

Au XXe siècle, l'islam recule en

(7) Ça sonne bien, *« assassiné par des Senoussis »*. L'allitération embellit la fin de phrase, vous ne trouvez pas ?

Europe sous la pression des nationalismes grec et balkaniques, puis s'incline en Afrique devant les baïonnettes européennes. Le Mexique s'offre, dans les années vingt, une persécution d'État anti-chrétienne d'une grande modernité. Et progressivement, le débat se déplace entre croyants et athées.

Les deux guerres mondiales se font pour la première fois dans l'Histoire *en dehors de Dieu*, ce qui représente une incontestable avancée de la laïcité.

Depuis Vatican II, l'Église catholique est devenue beaucoup plus conciliante

En 1945 Dieu, qui n'a pas pris part au conflit, semble décidément démodé en termes géopolitiques. Dans les années suivantes, on se bat bien un peu entre catholiques et protestants en Irlande du Nord, mais il s'agit en fait d'une fausse guerre de religions, masquant mal des enjeux plus politiques que transcendantaux.

Le renouveau viendra une fois encore de cette terre du Livre qu'est la Palestine – agitée, à partir de 1948, par un intense débat judéo-musulman qui plonge ses racines dans l'Ancien Testament et une résolution de l'O.N.U.

À partir de la controverse sur Jérusalem, les rebondissements sont multiples : tentative russe de communisation de l'Afghanistan musulman, avènement en Iran d'une théocratie anti-occidentale… Autant de secousses telluriques qui viennent à point nommé revitaliser un islam alors un peu tombé en somnolence. Comme aux plus belles heures des croisades, des milliers de jeunes musulmans redécouvrent les joies du Jihad.

À ce renouveau de l'islam correspond un retour des États-Unis à leurs valeurs fondamentales (conservatrices, évangélistes et impérialistes). Ce réveil concomitant des fondamentalismes musulman et yankee se cristallise en 1990-1991 à l'occasion de la première guerre du Golfe, sans doute la plus réussie.

Au même moment, en Algérie, la victoire électorale du Front islamique du Salut (F.I.S.) pose la question de la compatibilité entre suffrage universel et démocratie : peut-on sérieusement laisser voter des peuples qui n'ont pas foi dans le modèle démocratique occidental ?

Si l'on ajoute à cela l'Intifada en Palestine, toutes les conditions se trouvent réunies pour un retour au spiritualisme impétueux des croisades médiévales. L'attentat spectaculaire du 11 septembre 2001, puis l'invasion subséquente de l'Afghanistan et de l'Irak donnent une accélération décisive à ce « réenchantement » d'un monde matérialiste par les croyances des anciens temps.

Le réarmement moral et nucléaire de l'Iran, la politique dynamique de l'État d'Israël, le pourrissement afghan, l'instabilité égyptienne, l'antagonisme hindous-musulmans dans le sous-continent indien et surtout l'implosion irakienne ouvrent des possibilités nouvelles à un retour de la foi dans la géopolitique.

Peut-être Allah est-il le plus grand ; il est redevenu en tout cas, depuis une dizaine d'années, un acteur à part entière du jeu géopolitique mondial, au même titre que la Commission européenne ou Microsoft.

CONCLUSION

Se faire une religion

Deux personnes ne peuvent avoir la même religion. C'est quelque chose de très personnel.
Björk

Au terme de ce voyage dans le monde merveilleux des religions, le lecteur attentif dispose de tous les éléments nécessaires pour choisir le culte qu'il juge le plus attractif.

Toutefois, dans l'hypothèse où aucun d'entre eux ne trouverait grâce à ses yeux, rien n'est perdu ! À l'aube de ce troisième millénaire où l'être humain a enfin résolu de prendre en main son destin, il est loisible à chacun de créer sa propre religion, en fonction de ses goûts personnels, de son signe astrologique et de ses revenus.

À l'instar d'André Gide dans les *Nourritures terrestres*, le moment est peut-être venu pour moi de vous dire : « *Jette mon livre !* » (1)... Mais pas avant d'avoir lu cette conclusion qui lui donne tout son sens.

Notre époque permet enfin à chaque homme de procéder à sa relecture singulière de ce phénomène pluriel qu'est la religion. Cette liberté nouvelle repose sur l'idée d'égalité : toutes les valeurs se valent, parce que les êtres humains qui les prônent sont eux-mêmes tous égaux.

D'ailleurs, s'il y avait une valeur suprême, ce serait sans discussion possible la *tolérance*. En vérité, toutes les idées sont tolérables hormis l'intolérance, parce que la vérité est multiple et que seule l'erreur est unique ; elle consiste précisément à croire que c'est la vérité qui est unique !

Les dieux sont là pour nous servir. Si souvent caricaturés voire ignorés par des siècles d'obscurantisme fuligineux, ils n'attendaient que nous pour révéler enfin leurs vrais visages (2).

(1) Et accessoirement, de me régler les 5 000 € H.T. de défraiement dont nous étions convenus pour une relecture juridique complète dudit ouvrage, par chèque certifié à l'ordre de Me Archichian, c/o Chian et Archichian Associés. (Note de l'avocat.)

(2) À part Mahomet.

Dans notre Occident moderne, la libéralisation de l'économie va de pair avec une authentique dérégulation spirituelle. Grâce à cette ouverture, on peut parier sur l'essor général d'un *mieux-croire* personnel, tant les possibilités semblent infinies en matière de panachages interreligieux. Tous et chacun ont désormais le droit, par exemple, de pratiquer la méditation tantrique dans une mosquée, ou d'être protestants tout en croyant à la Communion des Saints (3).

Vous pouvez aussi, selon votre tempérament, adhérer à la vision maya de la Création tout en envisageant de finir vos jours au paradis jaïn. Et dans l'hypothèse où vous seriez christiano-bouddhiste, rien n'interdit de penser que le Christ s'est réincarné en Fogiel, et la Vierge Marie en tortue des Galapagos (ou inversement).

Pourquoi ne pas donner à votre premier-né une éducation juive, au deuxième une instruction religieuse chrétienne, et au petit dernier un bagage musulman ?

À vous aussi de fixer, le cas échéant, vos interdits religieux personnels (jamais d'huile de soja ni de cravates à motifs, toujours fermer les yeux à la vue d'un pigeon vivant).

Voilà, vous savez tout, et désormais les dieux sont entre vos mains. Pour opérer parmi eux un tri sélectif, je compte sur votre bonne foi.

B. de K.

(3) Même si là, je prends volontairement un exemple limite.

INDEX DES NOMS DE DIEU

Maquette et mise en pages : Jean-Luc Hinsinger / Cicero.

Corlet Imprimeur, SA., 14110 Condé-sur-Noireau.
N° d'éditeur : 144896. N° d'imprimeur : 95890.
Dépôt légal : novembre 2006.

Imprimé en France.